Rune Reading Your Life
A Toolkit for Insight, Intuition, and Clarity

盧恩符文占卜自學手冊

釐清煩惱、了解他人、尋求指引，30天連結高我

迪蕾妮雅・黛薇絲 著
Delanea Davis
謝明憲 譯

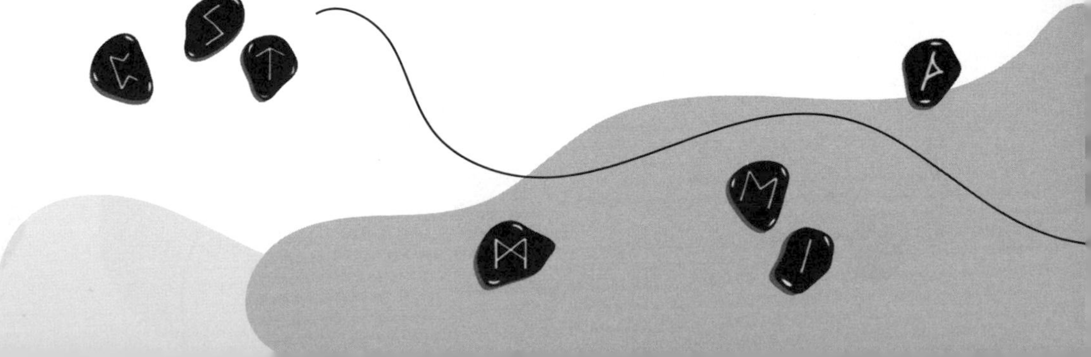

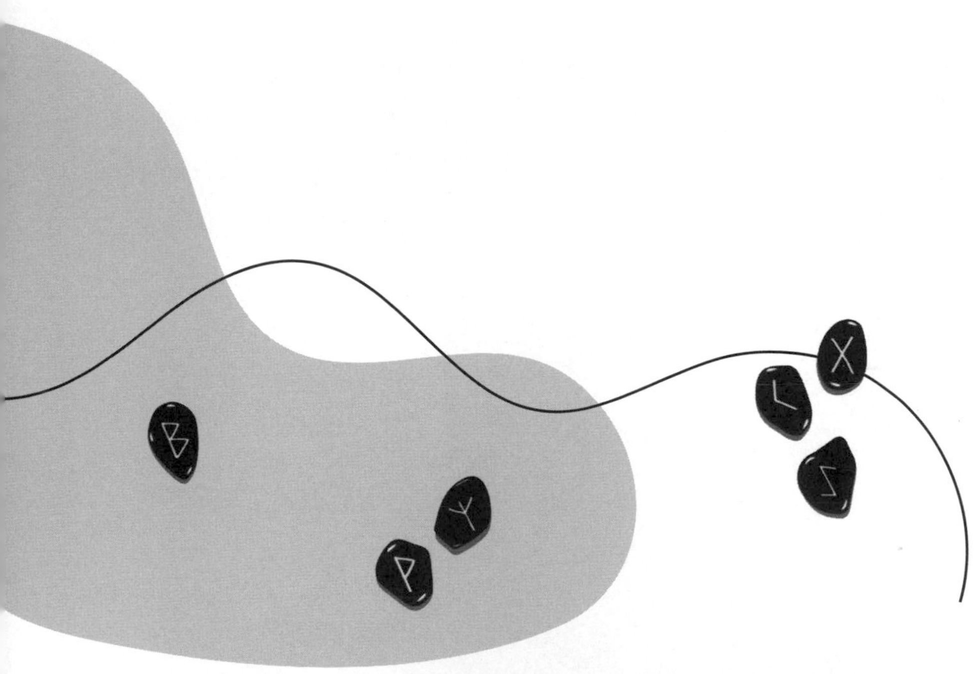

【推薦序】

透過盧恩，開啟內在指引系統

本人深感榮幸能爲本書寫序。千年以來，有不少關於盧恩符文的研究。這些符號的古老運用能幫助我們覺察宇宙的內在運作，從而使我們了解此生的目的和做出選擇的能力。本書將告訴你盧恩符文的歷史，以及如何運用這些符號來解開那些無法透過邏輯推理得知的事物。

父權社會的興起藉由文字帶給我們邏輯的禮物，但這份禮物是有代價的。線性思維成爲主要的功能，它重構了人類的心智，並使集體意識產生革命性的劇變。然而，我們98％的腦並不使用語言、邏輯和信念。線性的心智構成我們2％的腦，但它的功能卻是去組織98％的腦（我們頭腦的關聯部分）透過其他方式所蒐集來的資料。由於我們只使用這個高功能的超級電腦的2％，於是我們人類集體喪失了感受的智能——感受周遭世界的能力。

盧恩符文可作爲溝通的大門，協助我們了解感受的智能所知道的事物，從而幫助我們超越那單靠邏輯所能達成的可能性。每天練習這些象徵符號是增強我們的精微體（subtle body），並使我們專注於每天隨時出現在身邊的同步事件（synchronicities）的好方法。

關於感受的智能，我最喜歡的一個例子是古代的玻里尼西亞人。他們不使用現代的工具來渡海，而是划著獨木舟，憑直覺與大自然（海浪、洋流、雲、風和星星）連結來遠渡重洋。他們不必用眼睛看就知道接近陸地了，因爲他們已經與整個大自然融爲一體。這個天賦一代又一代流傳下來，最後成爲他們的集體意識。這能力也代表他們完全駕馭了神聖的陰性本質。

古代盧恩符文的使用，正是這種神聖陰性本質的集體意識覺醒。迪蕾妮雅會寫出這本書與世人分享她對於盧恩符文的洞見，絕非偶然，因爲她同時具備應用神聖的陰性本質和陽性本質的強大能力。她能將這些能力運用在外在世界的創造上，這就是所謂的女神之道。

我是在研究所的遠距心理學課程結識迪蕾妮雅的。當時她正在創業，她的目標是透過教導正念和靈修來提升企業環境的意識。她成功地將她的訊息在陽性傾向的企業結構和體系中進行交流的勇氣和能力，著實令我驚嘆不已。

心理學課程結束的數年後，我去康乃狄克州拜訪她。就在那幾天，迪蕾妮雅向我介紹了盧恩符文，引起我莫大的興趣。透過塔羅牌或其他神諭來接收訊息，對我來說並不陌生，但使用盧恩符文還是頭一遭。我們促膝長談關於盧恩符文和其他全面性的法門，於是我們成了好朋友。

拜訪她的最後一天，我在她的辦公室進行靈氣療程。療程中接收到的通靈訊息改變了我的一生。離開康乃狄克州時，我已完全脫胎換骨。我永遠感謝迪蕾妮雅和當天那些幫助我走上療癒之旅的人們。

這次的經歷使我想起我所謂的「女神特質」，亦即陽柔並濟。事實上，我們都知道它的存在。

它並不是我們需要去學習的東西，相反的，我們只要憶起它就行。

我們不斷在地球上玩著二元性的遊戲，並與之協同運作。從究竟上來說，這個二元性不外乎陽性能量和陰性能量之間的消長。這些力量的統一，能促使我們認識到整體。一旦學會這些能量的和諧之道，我們便能發現偉大的力量。

那些在集體意識中已根深柢固的社會體系，使我們很難以這種方式找到和諧。因為陰柔的力量早已被遺忘。隨著父權社會的興起，女神被殖民化了。而所有的殖民化都是一個樣：想把陰性變成像陽性一樣。殖民化乃是為永恆的服從而設計，但那非凡的神聖陰性本質是不可能被壓抑的。壓制神祕的陰性力量，最後導致了女性群起對抗男性。然而在尋求女性平等權的同時，女人卻也被社會化而失去了陰柔的特質，反而成為反映陽性力量之倒影的一面鏡子。

女人所聽到的訊息是，我們不僅必須做男人所能做到的一切，還必須做得比他們更好。我們決定凡事都務必親力親為，而不是在接受中找到自己的流動性。如此一來的結果是，大多數的女人都累壞了。我們認為陰柔的力量是沒有價值的，但我們仍存在於它的陰影面之中。因為從根本上來說，它就是我們。我們看見陰性的陰影面表現為批判、欺騙、聊八卦、悲觀、沮喪和沉默。

如果陰性的本質不被認可，那麼直覺、合作、群體、覺知、接受性和愛（我們總認為應該捨棄這些特質才能在職場中出類拔萃）也就得不到認可。身為女人，這使我們處於失去與內在力量的接觸而成為行屍走肉的風險當中。

隨著社會的價值往陽性的方向移動，我們從整個平衡中移除了感受，而增加了表面上的效率和有效性（此乃工業革命的兩大主要目標）。時至今日，我們仍受困在這個魔咒之下。在企業的環境中，你表現的陰柔特質越少，就被認爲是更有價值的。我們都已變成展現陽性能量的高手。

健康的陽性面聚焦在作爲上，它是在這世界採取行動，它是邏輯、目標傾向、主動、保護、獨斷、競爭和專注於外在的。儘管陽性的本質對創造來說至關重要，但作爲完整的人，少了陰性的本質就會失去平衡。當今人類已經學會推動、戰鬥、強迫實現自己的慾望，而戰爭就是這樣產生的。

然而，其實還有另一條路——女神之道。

本書提及的女神弗蕾雅（Freya），是愛、美麗、豐盛和天命的代表。她將薩滿的教導帶到古斯堪地那維亞的傳統中，並顯露出巨大的勇氣和迷人的感官。她實在是太強大了，只要她一現身，眾神都會覺得受到威脅。爲了弱化她的力量，她被汙名化爲放蕩的女神。至今，人們仍沿用這種可恥的策略。讓一個女人閉嘴並剝奪其力量，最可靠的方法之一就是在身體或情感上去攻擊她的性慾，而這種行爲摧毀了文化。

事實上，陰性面是狂野、自由、神祕又強而有力的，同時也代表著感官的滿足、接受性、覺知和直覺。身爲女人，我們與月相及大地之母有著直接的連結。我們天生就隨著宇宙的法則而流動，並對地球的健康有直接的影響力。我們也容易感情衝動，而這正意謂著我們具有利用情感（流動的能量）來引導能量的力量。我們的感官能量，是在這世界創造和物質顯化中最強而有力的工具。

若要喚醒內在的女神，就必須取回我們的陰性本質。

當神聖的陽性力量和神聖的陰性力量相遇時，女神的能量就顯現了。簡言之，這股全能的力量是源自於內在神聖的陽性能量和陰性能量的融合。這股原始的力量成爲自我主宰的基礎，同時這些能量的和諧之流也支持了物質世界中的顯化。就這樣，我們獲得了那些用過去無法理解的方式來顯化的能力。

這本書來得正是時候，因爲我們正覺醒於古老的女神之道，她正在崛起之中。她要你別再忽視你的直覺，並且要欣然接受你那與生俱來的智慧。她要你運用自己的呼吸、想像力和感受，來發現你與萬物連結的深度——進入那未知，並勇敢地接收。

爲了接收，我們必須臣服，而臣服需要對自己和整個宇宙懷有信心。臣服是最終極的靈修。當你放下抗拒而隨順一切時，你便會接收到那些必須聽見的訊息，它們將引導你走向與至高的美善一致的道路。而盧恩符文有助於你在讓「方法」出現的同時，能提出正確的問題來了解「原因」和「內容」。這就是信任宇宙、神或我們的本源連結的一種具體實踐。

使用盧恩符文是發展直覺的方法。它能培養我們的隨順、接收，以及與那看不見之物（神聖陰性力量的眞實化身）一起運作的技巧。女人天生就具備與黑暗、無形的事物一起運作的能力。黑暗中什麼都沒有，但從黑暗中卻出現了萬物。

你會在本書中讀到關於迪蕾妮雅在靜心方面的經驗，以及她如何在需要指引時讓影像在心靈之眼中成形。透過練習，你也能開始聽見自己的內在指引系統在向你顯露什麼。

請用童眞的求知慾和好奇心來閱讀這本書，讓你的想像力與本書的內容一起互動。利用盧恩符文幫助你打開內在的指引系統，運用它們來愛自己和了解自己。

一切必要的知識早已在你之內，你的指尖具有神聖陰性力量的魔法。眾神和諸位女神，祝你們閱讀愉快。

——莎拉・戴夫斯（Sara Daves）

直覺目標教練

SaraDaves.com

盧恩符文索引

符文	原始日耳曼名	代表意義	對應字母	頁數
ᚨ	恩索茲	信號	A	228
ᛒ	伯卡納	成長	B	230
ᚲ	科諾	敞開	C, K, Q	232
ᛞ	達格斯	突破	D	234
ᛖ	耶瓦茲	移動	E	236
ᚠ	菲胡	豐盛	F	238
ᚷ	蓋伯	夥伴	G	240
ᚺ	哈格拉茲	擾亂	H	242
ᛁ	伊莎斯	靜止	I	244
ᛃ	耶拉	收穫	J	246
ᛚ	拉格斯	流動	L	248
ᛗ	美納茲	自我	M	250
ᚾ	納奧帝斯	約束	N	252
ᛟ	歐皮拉	繼承	O	254
ᛈ	佩索	起始	P	256
ᚱ	萊多	旅程	R	258
ᛊ	索威羅	完整	S	260
ᛏ	帝瓦茲	戰士	T	262
ᚢ	烏魯茲	力量	U	264
ᚹ	溫究	喜悅	V, W	266
ᚦ	蘇里薩茲	門徑	TH	268
ᛇ	愛瓦茲	臣服	Y	270
ᛉ	奧吉茲	保護	Z	272
ᛝ	英瓦茲	生育	NG	274
空白	無	未知	無	276

本書架構介紹

大家好，歡迎來到古盧恩符文的智慧！盧恩符文是幫助我們了解自己、今生的有緣人和周遭世界的絕佳工具。數個世紀以來，盧恩符文既是一種字母，也是一種獲得高超觀點的溝通工具。它提供我們一種方法，讓我們能停下來思考眼前發生的事，從而看見那熱切地想帶領我們的內在指引。

身爲樂於在職涯的前期與中期指導他人的連續創業者，我經常聽到人們說：「我不知道自己要什麼」、「我不知道該思考什麼」或「我不知道什麼能讓我更快樂」。當我們在生活的喧囂中迷失了自己，就可能在無意中逐漸成爲別人期待的樣子，而不再保持自己眞正的樣貌。我們許多人拚了老命去符合或超越父母、朋友、愛人、甚至子女的期待；不過一言以蔽之，這可是會累死人的。

隨著時間過去，我們可能會感到孤立或筋疲力盡。不知怎的，我們越努力就越感到失落。這正是我們已經與眞實的自己完全失去連結的跡象。事實上，要找回自己比你想像的容易。我們只需要學會重新連結內在的聲音。這個聲音知道我們是誰；它擁有一切的答案；它記得小時候的我們，夢想長大後想要成爲什麼。

如果這些話令你感覺心有戚戚焉，那麼這本書就是爲你而寫的。隨著對盧恩符文的認識，以及發現用它們來「解碼」你自己的方法，你會很快地開啓自己與那全知的「內我」（all-knowing Inner

You）之間的直覺連結。只要用三十天來發展和加強這個連結，你就可以輕鬆地認識你自己；更重要的是，保持眞實的自己。藉由自信和堅定的信念，你會走向更眞實且更有意義的人生。

接下來三十天，你可以用盧恩符文來做下列的事：

- **釐清你的人生優先事項**。探索這類問題：你有足夠的時間陪家人嗎？你有足夠的時間休息和放鬆嗎？你有足夠的時間讓自己玩樂嗎？
- **懷著自信更快地做決定**。你逐漸不再問別人什麼才是對你最好的，而是發現沒有人比「你自己」更了解什麼是對你最好的。
- **與別人溝通你需要什麼**。許多人都重視社會的和諧，導致我們有時候會避免說出自己的感受和需要以維持表面的安定。一旦我們想起內在眞正的自己，我們就更容易說出自己的眞相，而不去擔憂負面的結果。

有些人把盧恩符文當成人類與聖境（那裡的高等力量會跟我們分享智慧和安身立命之道）之間的管道。我的創造性和靈性的那一面喜歡這種說法；然而我內在的科學家也有理性的解釋，認爲盧恩符文是一種使批判性心智分開注意力的方法，好讓那不受限的創造性心智能看見因日常的勞碌而錯過的其他選擇。

總之，只要你試著去使用盧恩符文，便能產生正面的效果。至於其中的原因是什麼，其實並不重要。請你自行判斷，並依你個人的經驗來下結論。盧恩符文只是你獲取洞察力和自我內省的眾多方法之一。

我希望你在接下來的三十天中，好好地認識你內在的自己，並學會活出眞實人生所必要的一切，而不擔憂自己或他人的批判。畢竟，我們生而為人就是來學習和成長的。

有些人用看的方式會比較容易理解和記住內容，有些人則是用聽的。我鼓勵你思考一下哪一種學習方法對你最有效。

你是聽覺型的學習者嗎？聽覺型的學習者通常具有以下特徵：

- 用說的能更有效地溝通。
- 比起閱讀，會更喜歡用聽的。
- 比起事物的外貌，更容易記住事物的聲音。
- 會想像聲音和語氣。
- 透過自言自語來記住事物。

或者你是視覺型的學習者？視覺型的學習者通常具有以下特徵：

- 用寫的能更有效地溝通。
- 比起聽，會更喜歡用讀的。
- 比起聽到的，更容易記住讀到或看到的東西。
- 會用圖像和場景來想像。
- 會透過觀想場景來記住事物。

如果你是視覺型的學習者，那麼書本就很適合你。本書提供你解讀盧恩符文作爲自我引導的工具時所必須學習的一切。

如果你發現自己是聽覺型的學習者，別擔心，你可以下載我的Runa Reading應用程式。你可以閱讀或聆聽當中的內容。該應用程式也能讓你在完成本書的三十天旅程後，繼續朝你的自我發現之道邁進。

本書共分爲四個部分：

第一部分：認識盧恩符文

本書的第一部分將讓你了解盧恩符文的出處，以及如何運用它們來改變你的人生。首先我會談到盧恩符文與神話的關係，接著我會結合古老的洞見和我自己的直覺想法，告訴你如何將盧恩符文運用在現代世界。我同時也鼓勵你用自己的直覺來探索盧恩符文，並確定哪一些你能與之產生共鳴。

在本書的這一部分，你將嘗試一些解讀盧恩符文的不同方法。你將透過一些是非題來利用盧恩符文作爲你的指引，以及從一組盧恩符文中任意抽取一個符文來引導你的一天；同時你也會在日曆上記錄你每天抽到的符文籤，以便觀察你的模式並回答那些發人深省的問題。

本書附贈一組盧恩符文卡片，你可以剪下來作爲你的符文籤。你也可以自己製作或購買一組盧恩符文。我會提供你製作盧恩符文及其材質的各種建議，你可以選擇自己最感興趣的那些建議來製作。倘若比起實體，你更喜歡數位化的盧恩符文，那麼你可以下載 Rune Read Your Life 應用程式作爲你的符文籤。

我已經對盧恩符文進行過廣泛的研究，因此我寫的這本書是很實用的。關於盧恩符文和古斯堪地那維亞人方面的學術性觀點，我頗認同這一領域專家們的看法，其中有一些我也列在書末的建議閱讀書目中。

第二部分：三十天的練習

當你嘗試過不同的解讀方法，並預覽過盧恩符文的一些內容後，便可以展開你個人的三十天轉化練習。在這過程中，你透過日誌的撰寫來幫助你更深入地了解自己。你看世界的眼光將會有所改變，那些深藏的回憶、期盼和遙遠的夢想也會浮上檯面。對某些人而言，這是個平和的過程；但對其他人來說，它可能是靈魂層次的覺醒，因此生活中的事物都必須有所改變。不論是什麼，就讓它們出現吧！不管發生什麼，都要相信自己能處理得很好。只要是注定該學習的，我們就會在潛意識和超意識（靈性）的層面上學到必要的內容。

在這三十天中，你也會開始更看清楚各種情境，並且更容易了解人際之間複雜的交互影響。你會很輕鬆地發現，眼前你所認爲的逆境，其實是一種隱藏的祝福。所有的事物都有功課在裡頭。即使是最嚴重的風暴，也會安然度過。遲早，無論你周遭發生什麼事，你都更容易保持冷靜，內心知道明天會是更好的一天。

此外，你也會以全新的層次來理解人際關係，特別是那些考驗你的人。在彼此的互動中，你會理解他們自己的過去和人生考驗是如何起作用的，儘管你無須對他們過去的創傷負責。你將學會看出哪些事情是他們自己的問題，而不會將它們看成是針對你而來。畢竟，我們都是來人間學習的，每個人的旅程都各不相同。對我們的成長來說，不帶評判地接受事實是最重要的。

最後是練習設定每一天的意圖。這部分是去思考今天要怎麼過，並決定要帶給它什麼樣的能量，然後聲明你要以什麼樣的特質來呈現老闆、同事、父母、夫妻或朋友的角色。如果你一覺醒來就感到「心緒不寧」（如同奧黛麗．赫本在電影《第凡內早餐》中說的那樣），那麼這一天你可以請求溫究（*wunjo*）或喜悅；又或者你必須在某個限期內完成工作，那麼拉格斯（*laguz*）或流動可以助你一臂之力。無論你需要什麼，盧恩符文或其組合都能幫助你啓動能量，讓你帶著完美的自信展開新的一天。

第三部分：盧恩符文的現代意義

本書的第三部分會針對每一個盧恩符文做現代的解釋，並提出三個「停下來反思」的問題。在此，你有兩種選擇：你可以閱讀這一部分關於所有二十五個盧恩符文的內容，然後再針對一個個符文進行「停下來反思」的提問；或者，你可以將這一部分作爲幫助你在第二部分撰寫日誌時的參考。你可以自行決定要怎麼做。

不論你採用哪一種方式，我都鼓勵你回答一下這部分的「停下來反思」的問題。這些問題是爲了引發你更深的洞察力，它可以透露出比單單閱讀符文意義更多的內涵。這些問題能讓你回顧過去、前瞻未來，以更了解你人生道路上的狀況。如果你是談話型的人，那麼跟信任的朋友或諮商師交談可能會對你有幫助；如果你比較重視隱私或喜歡用寫的，那麼我建議你在日誌裡寫出你的答案。我建議你撰寫日誌，如此一來，你便可以記錄自己的故事，留下一份描述你的靈性成長的歷史紀錄。

第四部分：向前邁進

本書最後的部分提供你如何將所學習到關於盧恩符文的內容，整合到日常生活中的建議。

有些人活在過去；有些人在焦慮未來。配合盧恩符文的使用，我們可以練習並掌握處於此刻的技巧。當我們完全處於此刻，我們就活在當下。我們專注地沉浸在自己正在做的任何事情中。我們會注意到微細的事物，例如樹的形狀、陽光照在臉頰上的溫暖、或春天花朵綻放時的芬芳。我們在這些小事情上發現喜悅。當我們學會完全處於此刻，我們就恢復了童眞般的天眞無邪和快樂幸福。不費任何功夫，我們輕鬆地把過去留給過去，不帶恐懼或懷疑地讓未來自然呈現。

你今日的生活、童年、以及從小到大的每個階段，這整個一切構成了你人生故事的美麗織錦。將它們都寫下來，你會爲那正等待現身的眞實版本的你而驚訝不已。

如果你是用盧恩符文來爲他人解讀，那麼你可以將符文的現代意義讀給他們聽，問他們要如何將這些意義應用在他們所問的生活領域中，然後用「停下來反思」的問題進行更深入的對話。你會發現，當你爲別人解讀時，這些訊息也會引起你的共鳴。自我發現的發生有許多種形式，而透過幫助別人了解他們自己，我們也會更加了解自己。

盧恩符文是今日的我們的一部分，正如數個世紀前它們也是我們的一部分一樣。你很快就會體驗到，盧恩符文會促使你用令人興奮又有趣的方式來探索自己，並鼓勵你與生活中的人們進行非常不同的對話。

你準備好要啓程了嗎？我爲你和你即將體驗的一切感到雀躍。我們出發吧！

第一部

認識盧恩符文

ᚨ

1 世界的現況

我知道什麼樣的人會來讀這本書。你是個萬能又有愛心的超人。我要告訴你的是，你眞的太神奇了。也許你跟我一樣，每天都得盡心盡力地去符合家人、同事、朋友和其他重要的人的要求。你得支付帳單、打掃家裡和整理庭院。如果夠幸運的話，也許你偶爾還有時間做一下按摩。每個人都指望你搞定一切，解決所有的問題。你有著神奇的能力，能同時做很多事情。不論別人是否開口要求，你總是能把每一件事做得又快又好。

就算我們是單身人士，還是必須做很多事情。我們每天筋疲力盡地躺在床上告訴自己：「也許明天我就會有更多時間來完成我想做的事。」但我們的手機一早就響個不停。我們立刻又進入迅速行動的模式，一次又一次地忙個不停。當今世界的步調越轉越快，別人對我們的期待也持續在升高，而我們也總能應付得過去。可是……這一切是爲了什麼？雖然我們驚人的能力可以利益他人，但我們自己呢？我們付出了什麼樣的代價？

身爲萬能超人的我們，眞的累了。我們其實默默地知道，我們比以前更焦慮了，儘管我們不太願意承認。「我應付得來。」我們總是這樣告訴自己和他人。我們用許多時間盡自己最大的力量，但有時還是感覺被打敗了，彷彿自己付出的一切還不夠。當今的研究顯示，幾乎十個成年人之中就有一人罹患憂鬱症，並且女性罹患憂鬱症的機率是男性的兩倍。很驚訝嗎？畢竟，我們現今生活的世界與我們呱呱墜地時的世界有著天壤之別。

我們最大的挑戰，不是來自要求嚴苛的老闆、脾氣欠佳的同事、無法取悅的父母或有時很難搞的朋友，也不是源於身體多出來的十公斤贅肉，或洗衣間裡那些堆積如山待洗的髒衣服。事實上，我們最大的挑戰是擺脫自己那喋喋不休又負面的頭腦。我們的自我懷疑悄悄地在蔓延著，我們不清楚自己要什麼和自己是誰，然後就退縮了回去。這個過程影響了我們與自己和他人的關係。我們腦袋裡的小小聲音告訴我們的事情，是我們永遠不會告訴任何人的。於是爲了湮沒這個聲音，我們便盡可能地保持忙碌來過日子。

我們也許會尋求朋友或諮商師的建議，也許不會。問題只在於，我們的內在應該是我們最感到自在和平靜的地方，而不是把它搞成一個騷亂不安之處。不過，好消息是，我們可以利用一個古老的工具來改變內在的喋喋不休，讓它從令我們感覺糟糕的負面話語，變成給我們打氣加油的美妙旋律，從而使我們覺得自己是無敵又厲害的超人，而我們確實如此。

這個古老的工具就是盧恩符文，包括那些彼此互相關聯的象徵意義。在解釋盧恩符文及描述它們豐富的歷史之前，我們先來探討一下象徵的心理學。

2 象徵的心理學

在人類的早期，象徵就具有透過一個簡單的符號或圖像來進行廣泛溝通的力量。縱觀整個歷史，象徵都在必要的時候發揮了團結眾人、傳遞想法和傳達警示的作用。現今的數位時代，當我們想要或期待迅速獲得資訊時，象徵依然像過去一樣有用。

已故的蘋果公司董事長、執行長及聯合創始人賈伯斯就很了解這一點，他聰明地選擇在iPhone的互動觸控螢幕上使用圖示。使用直覺上就很容易懂的圖示，讓數百萬的使用者不需要看使用手冊，就能對這種新形式的數位溝通上手。象徵和圖示超越了時間和語言的障礙。想一想表情符號使用之普遍，以及打「嗨」這個字時，附上的表情符號是笑臉或眨一隻眼時所造成的感受差別。

瑞士分析心理學家榮格寫了許多關於我們如何根據日常周遭所看到的象徵來進行潛意識關聯的研究。榮格在他知名的著作《人及其象徵》（*Man and His Symbols*）和《紅書》（*The Red Book*）中表示，我們甚至不知不覺中就在進行象徵的詮釋和分析。他廣泛地研究世界各地的神話、藝術和圖像學，從而爲人類心理學發展出他稱之爲「原型」的象徵體系。他的研究促成一項很棒的成果，那就是「原型象徵研究檔案庫」（Archive for Research in Archetypal Symbolism）的建立，該檔案庫記錄超過一萬七千個年代溯及西元三千年前的圖像和象徵。

象徵對我們有什麼用處呢？答案是，象徵可以帶來情感和能量。它們不僅有告訴我們某些事情的力量，同時也有讓我們感受到某種東西的能力。古埃及人用生命之符（ankh）來代表太陽和永恆的生命。他們相信，生命之符的力量能幫助亡者來生的呼吸，因此將它放在墳墓裡。古埃及人爲下葬儀式創造了銅製的生命之符，他們當時是什麼樣的感受呢？想一想一個能傳達到來生的象徵符號的力量吧。

另一個著名的象徵符號是猶太教的六芒星（或稱大衛星），它代表天與地的連接，以及創造物和對立面的統一。不僅是猶太傳統，對於研究卡巴拉的人來說，這也是一個神聖的符號。卡巴拉是古老的靈性智慧，其祕法早於世上的宗教。對那些認爲六芒星是有意義的人而言，這個象徵符號可以喚起神聖性以及與神的連結。

對早期的基督信仰者來說，「耶穌魚」（ichthys）是具有重要密意的。它的希臘文是ΙΧΘΥΣ，意思是「魚」。這個密意是源於一個事實：對基督信仰者而言，這個希臘文其實是由其他詞彙的首字母所組成。ΙΧΘΥΣ的每一個字母都對應著一個希臘文，整個意義翻譯過來就是「耶穌基督，神的兒子，救世主」。時至今日，一些基督信仰者也會自豪地在保險桿上貼耶穌魚貼紙，以表示他們對耶穌的信仰。我的一位大學同學就有耶穌魚的刺青。這個象徵符號一瞬間就向世人傳達了基督的信仰。

這些只是成千上萬個象徵符號中的幾個例子，它們都經過時間的考驗，其意義相對來說沒什麼改變。它們不用長篇大論就能表示很多的意思。如同你即將發現的，盧恩符文的象徵符號也具有同樣的力量；在接下來的三十天向內的旅程中，你就會開啓這些力量。

我們不可抗拒地受到象徵的吸引是有原因的。象徵具有普遍意義和個人意義。看見彩虹的圖案時，你立刻聯想到什麼？今天早上，我在我的「快樂九重天」（Cloud 9 Online）靜心應用程式組發了訊息做簡單的調查，人們對彩虹的圖案產生以下的聯想：

黛博拉：「所有人之間的彩虹橋（在人間和天堂）。」

林恩：「（靈性的）高等維度。」

薩布麗娜：「所有膚色和文化的集合。」

布萊德：「水和光相遇的魔法：生命和意識。」

瓦爾：「同志遊行。」

亨利：「正面性。」

看見彩虹圖案時，我會立刻想起一九七九年我生平第一次看的電影《大青蛙布偶電影》（*The*

Muppet Movie），當時我只有四歲。電影一開始的場景是科米蛙坐在森林中的一塊木頭上，彈著斑鳩琴、唱著那首「彩虹連接大地的地方」。看著大螢幕的影像，聽著迷人又充滿希望的歌詞和旋律，那一刻對我來說實在太神奇了。彩虹圖案將我帶回到那一刻，並使我會心一笑。那麼，看見彩虹的象徵時，你會想到什麼呢？

此外，象徵也有助於我們釋放情緒。當我們看見一個象徵符號，並能對它產生個人的聯想，我們的理性就退到一邊去了。此時，那忙個不停的頭腦將停止過度分析周遭的世界，從而使我們進入更有創造力和平靜的境界。比起批判性思考，一個簡單的象徵符號更能在感受方面幫助我們。

說到象徵和圖像，你想到什麼圖案和聯想呢？把它們畫在下方的框框裡。

你畫的這些象徵使你產生哪些感性和理性的聯想呢？

現在……好玩的要開始了！

3 盧恩符文的歷史和神話根源

盧恩符文是幾個世紀前構成古日耳曼語系字母的象徵符號。事實上，「盧恩」（rune）一詞是源自哥德文的*runa*，意思是「祕密」或「神祕」。盧恩符文就這樣被當成書寫的文字和神聖的工具來使用。人們相信，這些古老的象徵符號能幫助盧恩符文解讀者預知未來的事件，從而趨吉避凶。

盧恩符文的象徵符號總共有二十四個，每個符文都對應著一個或數個英文字母，並且有一個日耳曼語的名字。由於盧恩符文是口傳下來的，因此它們究竟有多古老仍有不同的說法。有些文獻表示，它們可追溯至西元一百五十年；其他的文獻則表示，它們已有三千兩百多年的歷史了。北歐的冰島經常可以看到不同形式的盧恩符文，在洞穴的牆壁上也可見到它們的蹤跡。你會發現，在不同的學術文獻中，每一個盧恩符文都不僅只有一個名稱、形式和意義。盧恩符文的譯意、發音和形貌，會隨著時間產生起伏變化。為了便於說明，我將按照最契合我的版本，向你介紹盧恩符文的名稱、形貌和簡略的意義。

對於比較傾向科學頭腦的人，可以把盧恩符文想成是引發個人聯想的工具。從心理學家的角度來看，聯想指的是我們在心中將自己的所見所聞與過去的經驗建立連結。這個「聯想」的概念，可以直接追溯到哲學家柏拉圖和亞里斯多德，以及他們早期寫的關於記憶串連的著作。現代的科學告訴我們，我們的經驗會在腦中建立影響我們思考、感受和反應方式的神經路徑。

對於比較喜歡神祕事物的人，可以把盧恩符文當成是連結那超越人間的能量和力量之源的神聖工具。今天，我們會將這個力量想成是來自於我們的指導靈、守護天使、高我或我們所定義的神。

現今我們對於盧恩符文的認識，大部分都來自於中世紀《艾達史詩》（Eddaic poetry）所描述的古斯堪地那維亞神話。本書使用的盧恩符文組可追溯至九世紀至十三世紀的斯堪地那維亞，亦即所謂的老弗薩克（elder futhark）系統，而弗薩克這個詞正是最前面六個符文（*fehu, uruz, thurisaz, ansuz, raido, kanu*）的字頭組合起來的發音。在拉丁字母遍及整個歐洲之前，這些符文是當時歐洲最廣泛使用的字母。在盧恩符文流行的頂峰時期，它們被雕刻在珠寶、器具、雕像、武器和墓碑上來改運、護身或紀念某人或事件。當時上戰場用的刀劍經常會刻上盧恩符文，人們也會在房子的外面交織幾個符文製成「家徽」，以祝福和保佑居家平安。

除此之外，人們也會用盧恩符文來治療疼痛或骨折之類的病痛，同時也廣泛地應用在助產和一般的治療上。治療者會將這些象徵符號畫在患者的物品或身體上，或是畫在可以刮成粉末溶入液體的材質上，以便製成給患者服用的靈丹妙藥。

最後，使用盧恩符文的還包括那些精通符文知識、魔法和治療的盧恩法師（*viki*）。在冰島的維京時代（大約是西元八〇〇年至一〇六六年），王室仰賴盧恩法師透過盧恩符文召喚古斯堪地那維亞的神祇來尋求預言、保護和運氣。

從神話的觀點來看，盧恩符文是眾神之父奧丁（Odin）送給我們的禮物。由安東尼．霍普金斯等人演出的現代電影《雷神索爾》、《雷神索爾3：諸神黃昏》，以及由法蘭克．維爾克配音的動畫連續劇《復仇者聯盟：正義出擊》中，奧丁獲得這些神奇的盧恩符文來作爲他發揮原型力量的方法。由於奧丁是勤學不倦又善於言辭的神祇，因此他也成爲人們祈求邏輯、溝通和治療時的召喚對象。據說，他曾經爲了換取廣大的智慧而犧牲了自己的一隻眼睛。

奧丁

在榮格心理學中，原型力量代表從人的情境中發現的行爲模式。爲了簡化這個概念，看看下列的描述有多少符合你認識的某個人？

「她眞是個**天使**。」

「他眞是個**風流鬼**。」

「她是個熱心的**老媽子**。」

「她總是扮演**犧牲者**的角色。」

「他像個**烈士**。」

「新上司是個**女王蜂**。」

這些全都是原型的例子。透過一個簡單的語詞，我們就能了解某人在某種情境下的行爲模式。天使的原型流露的是一種甜美、天眞無邪的能量；犧牲者的原型想要博取同情；女王的原型具有盛氣凌人、控制慾強的能量；老媽子的原型是即使沒人請求幫忙也會自以爲是地多管閒事。

那麼，原型又是如何與盧恩符文產生關聯的呢？盧恩符文根據連結人間和天界的能量而分成三個群組，每個群組各有八個符文。這三個群組分別由三位古斯堪地那維亞的神祇作爲代表：提爾（Tyr）、海姆達爾（Heimdall）和芙蕾雅（Freya）。這三位神祇的精采故事，就交織在我們許多人都極爲熟知的關於索爾（Thor）、奧丁和洛基（Loki）的故事中。

從原型的角度來看，奧丁代表領袖，索爾代表護衛，洛基代表騙子；還有提爾代表戰士，海姆達爾代表守望者，芙蕾雅代表女神。對這些守護神的概括性認識，將有助於我們使用盧恩符文尋求指引時，能了解其所代表的原型能量。

我們就先從神祇提爾開始。

奧丁之子提爾來自原初兩大神族中的亞薩（Aesir）神族，他被視爲正義和法律之神。身爲終極戰士的他，有時也被稱爲戰神。發生戰爭時，人們都會召喚驍勇善戰的提爾。事實上，這個稱做帝瓦茲（*teiwaz*）的符文↑，就代表提爾的名字，其意義是戰士。斯堪地那維亞的戰士會將這個符文刻在自己的武器上，以激起如提爾般的勇氣。

儘管提爾斷了一隻手，但他不愧爲終極戰士。根據神話的說法，提爾會失去一隻手乃是與洛基的怪物兒子猛狼芬利爾（Fenrir）有關。神話中說，當芬利爾還是隻幼狼時，亞薩神族讓他跟他們生活在一起，並且可以在他們的神界阿斯嘉特（Asgard）自由地走動。隨著芬利爾日漸長大，眾神開始對他龐大的身軀和力量感到不安，於是一致認爲現在該是拴住他的時候了。可是芬利爾的力氣大得很，沒有任何鎖鏈能拴住他。最後，眾神只好請侏儒世界的小矮人打造一條具有法力的繩索來綁住這隻猛狼。

芬利爾同意讓眾神將這條繩子套在他的脖子上，不過有個先決條件：

提爾群組的八個盧恩符文

他們得派一位神祇並且把手放進他的嘴巴裡，以表示彼此的互相信任。勇敢的提爾二話不說便將自己的手伸進猛狼的嘴巴裡。繩子套上後，法力開始起作用，它變得越來越緊。芬利爾想要掙脫，可是他越是掙扎，繩子就收得越緊。芬利爾越來越火大，最後爲了報復，他咬掉了提爾的手。提爾爲了保護其神族的安全，壯烈犧牲了他的一隻手。因此提爾也代表一個現實，有時爲了生存和安康，流血犧牲是必要的。這則故事教導我們，痛苦往往是成長和新的可能性出現不可或缺的一部分，無論這痛苦是內在或外在、是自己或別人引起的。

提爾群組的八個盧恩符文提供的是「信心」。

除了戰士的原型外，提爾也具有審判者、保護者和復仇者的原型能量。提爾群組的八個盧恩符文能幫助你面對最具威脅性的人和情境，因爲它們具有無私和犧牲的本質。提爾不會爲了戰鬥而戰鬥；

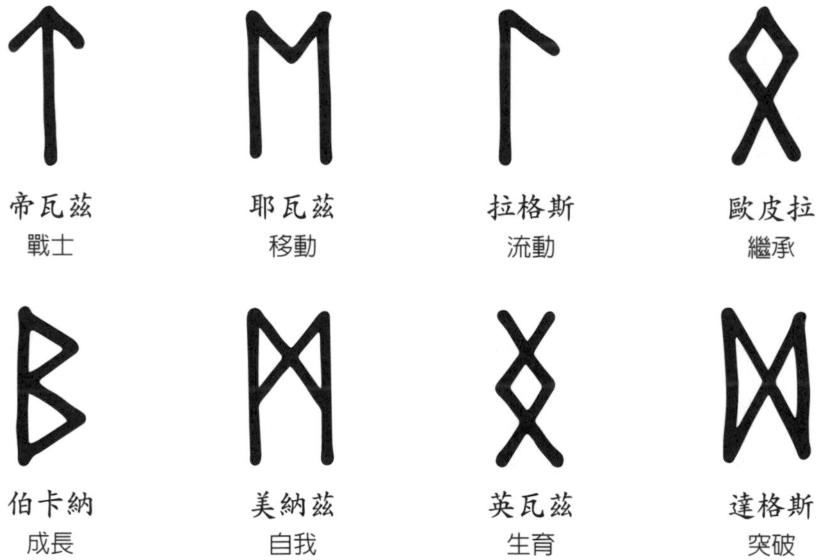

提爾群組八個符文的名稱和意義

相反的，他知道爲了保護及讓整個世界更美好，秩序是必要的。在今日的世界，提爾將會是執法官員、立法者或法官。

有意思的是，現在的漫威電影將提爾的諸多戰士特質都加到索爾的身上。事實上，在神話中，索爾比較像是農漁業的神祇，提爾才是眞正的戰神。好萊塢對於索爾的描寫似乎有點過於自由揮灑了。

接下來是神祇海姆達爾。

海姆達爾這位沉默的神祇也是來自亞薩神族，他是阿斯嘉特神界的守望者和警衛。他由九個母親撫養長大，她們互爲姊妹。眾神很重視海姆達爾的遠視和遙聽的超能力，包括他偶爾提出的忠告。

海姆達爾是個高大又神聖的神祇，他一直坐在連結神界和巨人國的彩虹橋上，爲任何的風吹草動保持警戒。他從未離開過他的崗位，也很少睡覺。要集合眾神時，他就會吹響他的黃金號角加拉爾（Gjallarhorn）。他有預見未來的天賦，當諸神的黃昏（Ragnarok）來臨時，他就會用他的號角來警告眾神。諸神的黃昏是指眾神不可避免的末日。

海姆達爾忠誠又可靠。身爲索爾的朋友和洛基的敵人，他曾建議索爾如何從巨人索列姆（Thrym）的手上奪回他的神鎚謬尼爾（Mjolnir）。索

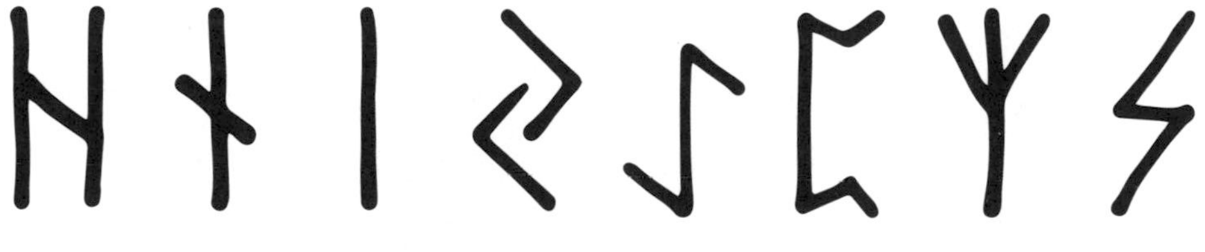

海姆達爾群組的八個盧恩符文

列姆盜走了索爾的神鎚，引起巨人族可能入侵的危機。然而，索列姆根本沒打算要入侵阿斯嘉特；美麗的女神芙蕾雅才是他的目標。索列姆趁索爾睡覺時盜走他的神鎚，想要以它作爲娶芙蕾雅爲妻的交換條件。

索爾和洛基想說服芙蕾雅嫁給巨人，但始終沒有成功，於是索爾轉向海姆達爾尋求意見。藉由眼觀四面、耳聽八方的能力，海姆達爾知道何時該火速採取行動、何時該暫停，以及何時應該什麼都不做。而這次的狀況，海姆達爾建議索爾假扮成芙蕾雅來欺騙索列姆。索爾賭上自己的名譽，心不甘情不願地按照海姆達爾的建議去做了。結果計畫奏效，索爾順利取回他的神鎚。

海姆達爾群組的八個盧恩符文提供的是「清晰」。

除了護衛者的原型能量外，海姆達爾也帶有遠

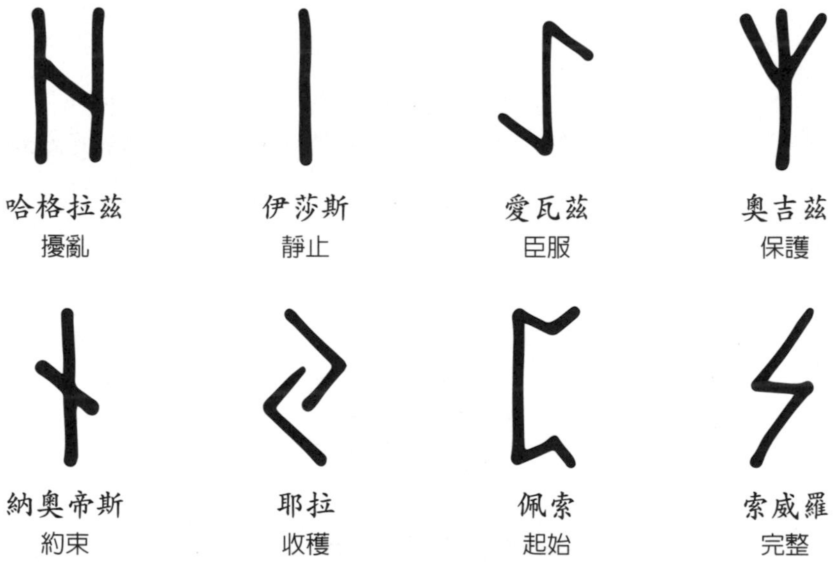

海姆達爾群組八個符文的名稱和意義

見者、聆聽者、隱士和顧問的原型。海姆達爾就像最忠誠的朋友，他會聽你說話並給予建議，永遠都爲你著想。他的八個盧恩符文將幫助你以最清晰的方式評估狀況，好讓你能用最佳的方式來應對它們的發生。

如果你看過伊卓瑞斯・艾巴在漫威電影裡飾演的海姆達爾，千萬別被那嚇人的外表騙了。事實上，海姆達爾是個溫柔的守望者和聆聽者。

最後同樣重要的是我們的女英雄——美麗的女神芙蕾雅。雖然神話領域是以男神的故事爲主，但芙蕾雅卻是不容忽視的。

強大又美麗的芙蕾雅

（圖：George Peters Designs）

因爲她爲這世界帶來了強大又具培育力的原型能量。

在古斯堪地那維亞的神話中，芙蕾雅是最爲突出的女神。她來自華納（Vanir）神族，他們的體形明顯比奧丁和索爾的亞薩神族來得嬌小。整個華納神族被認爲是屬於繁殖、性感和昌盛的神祇。這些誰不想要呢？

如同詩歌和中世紀的傳說所描述的，芙蕾雅是愛、美麗、豐盛和命運的女神。她就像希臘女神阿芙蘿黛蒂（Aphrodite）一樣，被公認是最美麗的女神，擁有眾多的仰慕者。她非常有愛心，人們相信她具有神祕的力量，可以幫助向她祈求的婦女們解決心事和生育方面的問題。

此外，芙蕾雅也是接引許多陣亡將士英魂的神祇。戰爭過後，芙蕾雅會到戰場上，帶著最勇敢的將士的靈魂回到天界，而她會在天界照顧他們及其家人一直到末日。因此，芙蕾雅不僅與生命和愛有關，她與死亡和戰爭也有關係。在此，我們可以看到埃及女神伊西斯（Isis）和希臘女神波瑟芬妮（Persephone）的影子；前者是天堂和地獄的代表，後者則有一半的時間待在冥界。

許多神祇都想得到芙蕾雅，但她卻嫁給了經常旅行並讓她長期獨守空閨的歐德（Od）。歐德和奧丁是不同的神祇，切勿混淆。當歐德不在身邊

芙蕾雅群組的八個盧恩符文

時，芙蕾雅會得到許多仰慕者的關注和禮物，這能帶給她暫時的快樂。然而，這種短暫的喜悅維持不了多久，緊接著芙蕾雅只感到失落和憂傷。據說當她漫步在大地上尋找歐德時，會流出玫瑰金的眼淚。

芙蕾雅的美麗是她的力量，不過也帶來了負擔。儘管大多數神祇都很喜歡芙蕾雅，但她的美麗和力量也引來一些神祇的嫉妒和殘忍的對待，他們會說她水性楊花又耽於享樂。某些古老的文獻確實有這樣的說法。不過我認爲這是洛基和其他男神扭曲了事實，他們其實是對她的美麗、溫暖和優雅所帶來的力量感覺到威脅。

芙蕾雅群組的八個盧恩符文與「愛」和「感情」相關。

當你看見這八個符文的代表意義，芙

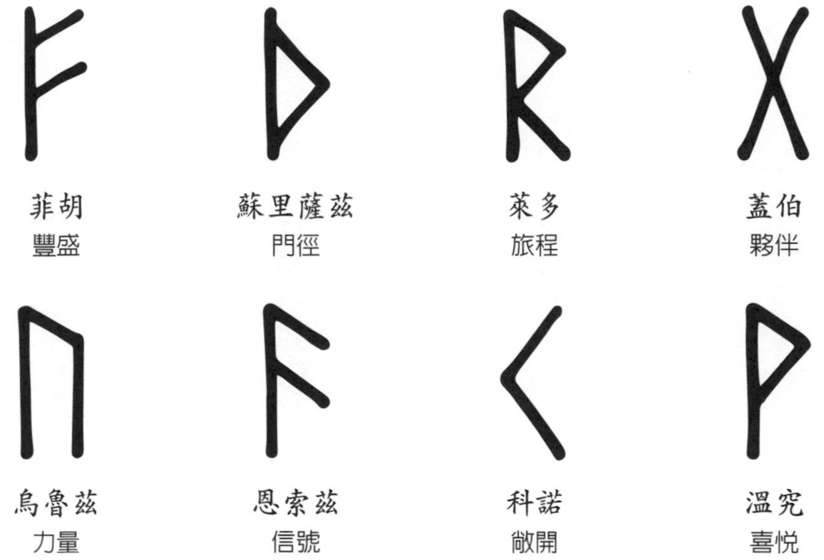

芙蕾雅群組八個符文的名稱和意義

蕾雅的複雜故事及其相關的原型能量就活了起來。遇到心事時，芙蕾雅的八個符文都能指引你。除了具有性感女神的能量原型外，芙蕾雅也散發著天使、母親、救援者、神祕家和夥伴的原型能量。

我認爲芙蕾雅是女神中的女神，因爲她除了代表我們對他人的愛之外，也代表我們對自己的愛。

下方表格總結了各個群組的神祇、盧恩符文和原型之間的關係。

	提爾	海姆達爾	芙蕾雅
集體能量	信心	清晰	愛和感情
原型	戰士、審判者、保護者、復仇者	護衛者、遠見者、聆聽者、隱士、顧問	女神、天使、母親、拯救者、神祕家、夥伴
符文意義	戰士、成長、移動、自我、流動、生育、繼承、突破	擾亂、約束、靜止、收穫、臣服、起始、保護、完整	豐盛、力量、門徑、信號、旅程、敞開、夥伴、喜悅
符文象徵	ᛏᛒᛖᛗᛚᛝᛟᛞ	ᚺᚾᛁᛃᛇᛈᛉᛊ	ᚠᚢᚦᚨᚱᚲᚷᚹ

4 現代世界的盧恩符文

現今，盧恩符文有著極少眾的追隨者，它們不再被當成字母來使用，而是成爲一種神聖的溝通方法，以及透過所謂的吸引力法則來影響外在結果的顯化工具。吸引力法則說的是，你可以藉由聚焦和期待正面的事物來吸引正面的結果；同樣的，你也會由於聚焦和期待負面的事物而招來負面的結果。換句話說，你對宇宙投射出什麼，它就帶給你什麼。

舉例來說，盧恩符文ᛝ英瓦茲代表生育、家庭和性能量。我們可以用它來引發延續和連結；有些人則會利用它來幫助懷孕。無論英瓦茲在歷史上的意義是什麼，只要我們相信它有助於生育，它就會產生力量。

爲了在事業發展的交涉方面創造一塊沃土，我選擇在我其中一家公司國際經驗設計（EDI）的標誌上使用盧恩符文英瓦茲。整件事的來龍去脈其實挺有意思的。當我在寫草案給幫我做新標誌的平面設計師阿德南和阿山時，我強烈感覺我們的EDI標誌需要一個圖形或圖像。任何時候只要我對某件事有感覺，我就會立刻採取行動，並啓動我聆聽直覺的本事。

每當我想從內在的源頭尋求神聖的指引，我就會閉上眼睛，然後提出我的問題。通常我會在心中看見一個意象，或是得到立即的回覆。因此當我閉上眼睛開始問：「國際經驗設計的標誌會有圖形嗎？」我立刻在自己的心靈之眼中看見一個巨大的、黑色的Y，在我的內心這就表示「是」的意思。然後我接著問：「我可以看一下那個符號嗎？」我立刻看到了ᛝ的圖形。我心想：「太酷了！是盧恩符文耶！」而這個符文代表的是生育，眞是太完美了。

不過，我是個具有研究精神的人，因此我通常會再做第二次確認。於是我拿出符文袋，閉著眼睛捧著它們問道：「請告訴我，國際經驗設計的標誌要用哪一個盧恩符文？若不需要任何符號的話，就請讓我抽到空白符文。」

你猜怎麼著？我第一次就抽到了ᛝ！我甚至沒有任何的驚訝，因爲此時我已經跟盧恩符文密不可分了。我只是大聲笑了出來，說道：「當然了！謝謝你！」從過去到現在，我一直很感謝我有盧恩符文作爲自我引導的工具。就這樣，我的公司標誌誕生了。

幸好，我的合夥人亨利是個大方的人，他將公司標誌的事交給我全權處理。由於亨利在紐約的雪城長大，因此我指示平面設計師使用雪城大學校徽的彩通色（Pantone colors），包括了深橘色和深灰色，現在我們的公司標誌就含有這些顏色。這麼一來，我便得以將我對盧恩符文的喜

EXPERIENCE
DESIGN
INTERNATIONAL

國際經驗設計公司標誌

愛與亨利對家鄉的熱愛結合在一起了。

二〇一七年十一月，在公司成立九個月後，業務開始蒸蒸日上。我們的銷售達到里程碑，維持成功的經營已不成問題。有趣的是，對我來說，這九個月就像懷孕生子一樣。EDI需要九個足月才能長大成熟。雖然最初幾個月，我們都心懷希望又樂觀，但對於在二〇一七年年底達成業務目標並不十分有把握。後來我們簽了第一個國際級的大客戶，從那時候開始，源源不絕的生意就不斷地流進EDI。我完全肯定，公司標誌中的英瓦茲符號，其能量確實對我們的成功做出了貢獻。

關於盧恩符文，無論你接受的是以科學爲根據的解釋，還是以神祕或能量爲根據的解釋，都沒有關係。只要每天固定使用盧恩符文，你便會牢記於心，並將每日的意圖付諸實現。盧恩符文提供有趣的方法讓我們與內在自我對話，從而使我們盡可能地活出全然覺知和覺醒的生活。我們越相信盧恩符文是智慧之源和連結眞我的加速器，我們與那知曉一切的高等根源的連結就會變得更有力量。重點是，從早到晚要養成一種習慣，停下來提出必要的問題以做出最好的決定，好讓你能朝著眞正想要的方向邁進。

隨著時間推移，你會發現自己不再需要實體的盧恩符文組。我現在只要閉上眼睛提出問題，便能在心中看見一個或多個盧恩符文，完全不必動用我的符文袋。只要開始經常使用盧恩符文，你也可能毫不費力地練就這種本事。

捕捉你對盧恩符文的第一印象

在進一步熟悉盧恩符文以及了解它們的現代意義之前，我們先來捕捉你對每個符文意義的第一印象。在接下來的段落中，我們會給你看三個不同的盧恩符文。這個練習是要捕捉你對每個盧恩符文的直覺聯想，因此關於它們的意義，你知道得越少越好。

檢視一下這個練習的每一個符文，然後閉上眼睛，在心中觀想每一個符文。如果在觀想上有困難，你可以想像自己在黑板或沙灘上畫它們。寫下你看見每個符文時，心中浮現的詞彙、語句、感覺或意象。

準備好了嗎？

看見左邊這個符號，你心中浮現什麼詞彙或語句？也許你會覺得它是一個字母。寫下你對它的第一印象。

閉上眼睛觀想這個符文時，它帶給你什麼感覺？

這個符文叫蘇里薩茲，其意義是門徑。讓「門徑」這個詞在心中沉潛一下。你看到什麼意象？

把它畫下來：

我們來試另一個符文，看你對它會有什麼樣的聯想。看見左邊這個符號，你心中浮現什麼詞彙或語句？

ᛞ

閉上眼睛觀想這個符文時，它帶給你什麼感覺？

這個符文叫美納茲，其意義是自我。讓「自我」這個詞在心中沉潛一下。你看到什麼意象？把它畫下來：

最後，在看整個盧恩符文組之前，我們再來試一個符文。看見左邊這個符號，你心中浮現什麼詞彙或語句？

閉上眼睛觀想這個符文時，它帶給你什麼感覺？

這個符文叫歐皮拉，其意義是繼承。讓「繼承」這個詞在心中沉潛一下。你看到什麼意象？把它畫下來：

現在，翻開本書的第三部分，查閱一下蘇里薩茲（見268頁）、美納茲（見250頁）和歐皮拉（見254頁）的現代意義。接下來，用你自己的話來描述每個符文的意義。它們與你自己的第一印象有什麼異同？

ᚦ 蘇里薩茲

ᛗ 美納茲	ᛟ 歐皮拉

現在，我們來研究一張整組盧恩符文的插圖。

盧恩符文概覽

下面這張圖是老弗薩克的二十四個盧恩符文。隨著時間推移，這個符文表演變成二十七個符文，後來又演變成三十一個符文。但現今我們最常用的是最初的二十四個符文，另外再依個人喜好增加一個空白符文。

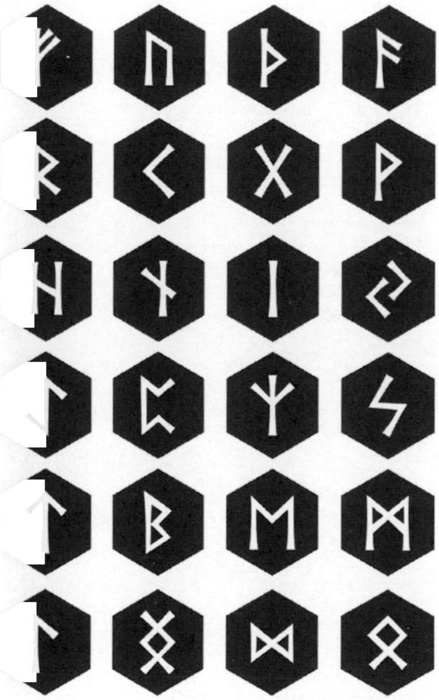

評估一下每個符文。哪一個或哪些符文最吸引你？原因是什麼？其中有哪些是你覺得眼熟的？把它們畫下來，並注明它們吸引你的原因。

現在，翻開本書的第三部分，查閱一下你所畫的符文的意義。這些意義與你的生活現狀有多大的關聯？把你的觀察寫下來。

有些盧恩符文可能與我們現今看到的一些圖案感覺很相像。如果你喜歡體育，你可能聽說過在美國舉辦的名爲「雷格納接力系列」（Ragnar Relay Series）的長途接力賽。雷格納接力賽是由六至十二人組成一隊，在二十四小時內從一個城市到另一個城市，接力跑完三百二十公里。若你曾參加過這個比賽，你一定知道在晚上九點至早上五點這段時間，會有一段八公里（或更長）的路程，必須戴著頭燈在漆黑的夜晚中跑完。即使隊車就跟在你後面，晚上跑步的感覺還是挺陰森可怕的！有人說身體只要休息五小時，便能從中程長跑之類的劇烈活動中完全恢復體力。雷格納接力賽就是很好的證明。

現在，我們來檢視一下雷格納接力系列的標誌。仔細看它的標誌，並與51頁的盧恩符文比較，你覺得它像哪兩個符文呢？如果你不熟悉這個標誌，可以先上谷歌搜尋一下。

耐吉（Nike）的標誌呢？把它轉一下，你覺得它像哪個盧恩符文？

你在雷格納接力系列的標誌上看見代表保護的ᛉ和代表旅程的ᚱ了嗎？它們是這個比賽的完美象徵，因爲你得徒步完成三百二十公里長的艱辛旅程。事實上，不論是白天或晚上，跑者在不熟悉的地方跑步都需要一點保護，以避免發生意外或受傷。在耐吉的標誌上，你看見代表流動的ᛚ了嗎？哪一個運動員不希望在訓練和適應時能處於流動的狀態？

這些品牌背後的行銷智囊是刻意想借助盧恩符文的力量嗎？或許是；或許不是。我個人相信，無論我們這輩子是否聽說過盧恩符文，我們對它們都有一種熟悉感，因爲我們都曾在細胞和靈魂的層面見過它們。我們確實認識它們，並且很可能是前世的記憶。

了解盧恩符文的訊息

我們都有聆聽內在智慧說話的能力，即使我們沒有發起這個對話。當我們對盧恩符文表現出興趣時，我們就在能量上啓動了與這些符文活生生的連結，如此一來，我們就調準到它們的獨特頻率，而每個頻率都有高層次的指引，不論我們是否請求它。

二〇一四年十月十三日，我在康乃狄克州的海邊撿拾我的第一套盧恩符文石。當時我並未意識到那天剛好是我母親的六十歲冥誕。我小心翼翼地在海邊搜尋，挑選了二十五塊扁平的石頭。那是一次非常放鬆的內省經驗。每當我需要休息和充電時，最喜歡去的地方就是海邊，海邊的石頭可以讓我直接放鬆下來，並使我充滿快樂的回憶。

我把那些石頭帶回家，並保持它們的原樣整整三百六十五天。我真的無法解釋其中的理由。一整年，我就是不想對它們做些什麼。再次地，二〇一五年十月十三日，我在不知道當天是什麼日子的情況下醒來，強烈感覺這一天我必須獨處。

我出門健行，接著有一股衝動想去買我的第一本關於解讀盧恩符文的書籍。我在一間書店坐下，喝著熱咖啡，目不轉睛地看著盧恩符文。我讀著每一個符文的代表意義，不到幾分鐘就全部記起來了。雖然這是我第一次見到盧恩符文，但那感覺就好像我是憶起它們似的。

差不多快讀完整本書後，我覺得有必要去手工藝品店買顏料，以便製作和加持我的第一套盧恩符文石。我必須在那一天做這件事。所謂加持某物，就是與這項物品建立個人的連結，例如小孩子第一次收到泰迪熊玩偶，他抱了抱它，便與這玩偶建立了關係。對我來說，親手在石頭上繪製盧恩符文，同時集中精神在每一個符文的意義上，就是我用自己的能量加持符文石的方式。

我是回到家後在繪製這些符文時，才想起今天是母親的冥誕。我笑了起來，心想：「媽，感覺我們好像一整天都在一起。今天眞是太棒了！」

我使用這第一套盧恩符文大約一年。我隨時都把它帶在身邊，每當我覺得想抽一支符文籤時，就會把它拿出來。後來我也開始幫別人抽符文籤，有時是幫認識的人抽，有時則是幫完全不認識的人。

坦白說，剛開始時還滿彆扭的。不過，我很快就明白：我只需請當事人在心中想著要問的事情，然後抽一支符文籤，看它的意義是什麼。接下來，當事人會把我說的話跟他們的狀況連結起來，並向我說明他們所獲得的個人意義。

盧恩符文就像是我隨身攜帶的安心毯。不知怎的，只要有它們在身邊，我就會感到安心。終於有一天，當我把手伸進裝著盧恩符文的小絲絨袋裡時，我感覺有東西碎裂了。我把它們倒出來，發現有幾顆符文石莫名其妙地碎掉了。

剛開始我想爲此尋找合理的解釋：是我把袋子掉到堅硬的平面上了嗎？還是有重物壓到了它

們？由於我的符文石是放在筆記型電腦的保護袋裡，我的筆記型電腦應該能輕易地防止重物壓到它們才對。於是我閉上眼睛問：「這些碎掉的符文石有什麼重要的意義？」

我心中立刻浮現一個答案：「你應該再製作一個新的。」

好的，我明白了。

既然我已經對海邊的石頭有一點了解，於是我決定去撿密度更高、非沉積岩的新石頭。後來我擔任羅德島一家公司的顧問，一週有幾天必須到那裡出差，而我會在日出時走出飯店，到納拉甘西特海灘尋找扁平的黑石頭，我知道它們會比我在康乃狄克州海邊撿的石頭堅硬得多。

在海邊尋找黑色的小石頭是很特別的體驗，我會一邊走一邊把撿來的石頭放進口袋裡。途中，我忽然覺得白色石頭也挺好的，所以我就把黑色石頭裝在右邊口袋，白色石頭裝在左邊口袋。

在撿了一百多顆石頭後，我心滿意足地準備著手繪製新的一套盧恩符文石。我覺得蒐集和選擇每一顆石頭是很重要的事，因爲這樣可以創造一個回憶，並與這些石頭建立緊密的關係。

有意思的是，在我爲自己繪製新的一套符文石之前，我已經先爲別人繪製並加持了三套，因爲製作和教授盧恩符文是我工作的一部分。

一旦你與盧恩符文建立起連結，就會發生很有意思的事。你會開始四處發現它們，並可能在看見它們時接收到直覺的訊息。類似這樣的一次最重要的體驗，就發生在我在羅德島時的最後某一天。雖然我已完成石頭的蒐集，但我卻在海灘上發現一顆白石頭，上面有天然形成的盧恩符文哈

格拉茲 ᚺ，其代表意義是擾亂。由於這顆石頭太顯眼了，我把它撿起來，拍成照片貼在我的臉書上，並注明它代表著擾亂。我很好奇接下來會發生什麼事。以下是當時我貼在臉書上的內容：

迪蕾妮雅．黛薇絲在羅德島納拉甘西特
二〇一六年五月二十七日

剛才在海灘上發現這顆天然形成盧恩符文「哈格拉茲」的石頭，
其代表意義是「擾亂」。最近解讀盧恩符文時，經常抽到這支符文籤。
我很高興模式會不斷地重複出現，直到其傳遞的訊息被完整地接收。

當代表「擾亂」的符文出現，就意味著即將發生可能帶來翻天覆地和不可避免的損害事件。不過，擾亂的力量越大，那麼當一切穩定下來後，其成長和重生的潛力也就越大。我很好奇到底會發生什麼事呢？

三個小時後，我在一家咖啡館處理工作，我有一位客戶的公司就在附近。這位客戶是很有遠見的執行長，他將畢生積蓄全投資在自己的公司，不分晝夜地勤奮工作以實現他的夢想。忽然，這位執行長飛奔到咖啡館來找我，說道：「把東西收拾好，我們現在要趕快走！」

我說：「發生什麼事了嗎？」

「沒時間解釋了，我們得馬上走！」

「好吧，」我說：「可是要去哪裡呢？」

「去普洛敦維士。聯邦調查局對我發出了拘捕令。」

看吧，才剛說到翻天覆地，事情就發生了！

驅車前往普洛敦維士的過程如夢幻一般。我開著車，這位執行長菸一根接著一根地抽，而我也捲入了他惹出來的這個大麻煩中。他因多項重罪被起訴，並爲這即將到來的麻煩請了辯護律師。然而今天狀況急轉直下。除了聯邦調查局，普洛敦維士的地方檢察官也將他起訴。

接下來的日子簡直就是一場風暴。我的事業合夥人麗塔也跳進去協助處理一個非常折磨人又令人激動的狀況。時間分秒必爭，我們必須火速成立跨領域的危機處理小組：危機溝通、執行長家人的社會支持、律師和風險管理顧問（我稱他們爲昂貴的「花錢請來的朋友」）。你得在後果越來越嚴重的狀況下，迅速地將這組人馬結合起來。

事情發生在陣亡將士紀念日的禮拜五小週末，而地方檢察官要求這位執行長必須在星期二主動投案，因此我們有三天的時間爲可能成爲全國熱門新聞的事件做好準備。最好的情況是讓這件事只在該州的報紙和電視上報導。但不管怎樣，我們還是必須通知大約二十位投資人和處理員工的問題，執行長的家人和家族也需要某種程度的溝通。而這些，我都參與其中。

這是我最辛苦的一次工作經歷，更甭說情緒上的折磨了，畢竟這位執行長是多年來的家族好友。事實上，在處理這些事的過程中，我把那顆代表擾亂的白色石頭給了這位執行長，並且告訴他，就在這一切發生的當天，我在海邊發現了它。其間他曾一度崩潰，哭著向我和麗塔吐出實言，其實早在幾年前，一位具有直覺能力的通靈人就告訴過他，他在四十歲左右會坐牢，並且家庭會破碎。那人曾經很詳細地預言目前正在發生的事。

「我早就該注意她的警告，」他邊哭邊說：「我本來有機會做不同的選擇，可是我沒這樣做。我爲什麼不聽她的話呢？」

對於接下來要發生的事，我們已經無能爲力，而我和麗塔也無法多說什麼來安慰他。經過大約一年的軟禁後，這位執行長被輕判一年零一天的有期徒刑。事實上，許多人即使得到溫和或嚴重的警告，還是會繼續走目前的路。人總是從痛苦和折磨中獲得最大的學習。

你可能會認爲，這件事會讓我嚇得不敢再碰盧恩符文。但事實是，我從對盧恩符文的著迷，變成對它肅然起敬。

諷刺的是，在這位執行長被逮捕的七個月前，我曾爲他做過盧恩符文解讀，並給他很明確的警告。我在二〇一五年十月二十八日幫他抽了三支符文籤，並用電子郵件將解讀的內容寄給他。我以拉爾夫・布魯姆（Ralph Blum）的《盧恩符文之書》（*The Book of Runes*）作爲指導，爲他做出以下的解讀：

- **目前的狀況：**ᛞ 美納茲代表「自我」。一切都從你開始。現在唯有清明和改變的意願才有效果。要注意什麼正在來臨、什麼正在逝去。這是你成長和改正的時刻，它對於你的進步至關重要。活在這世間，但不要完全屬於它。對這世間傳遞給你的訊息保持開放和接受。盡可能活在當下做你的每一件事，因爲那些是你喜歡做的事。要小心，別被價值和成就的觀念蒙蔽了眼睛。
- **克服的障礙：**ᛇ 愛瓦茲代表「臣服」。當道路上出現障礙時，我們都傾向將它推開或擊垮。然而有時候，更高層次的看法和觀點會看似延遲或離題，但它其實是有益的。過於熱切或焦急反而會事與願違。採取行動之前，要先考慮該行動的後果，如此才能藉由正確的行動來避免困境。困難和麻煩會帶來成長。讓事物流動，並如實地承認挫折。一旦你臣服於萬物遷變的自然秩序，事情就會變得不費吹灰之力。

- **解決的方法：**顛倒的 ᛚ 拉格斯代表「流動」的反面。它警告你別過度使用自己的力量和做過多的努力。依你的直覺保持平衡是至關重要的。請進入內在，並展現你具接受性的那一面。
- **總結：**讓自己「是」（be），別一直「做」（do）。幾個階段的靜止不動，將有助於你再次充滿能量好讓來日走得更快。必要時，讓自己過幾天完全不做計畫的日子。雖然這與你的本性相違，但是當你被某事卡住時，就應該這樣做。想蠻幹把事情「搞定」，只會導致你做出倉促的決定，所以最好還是等頭腦清醒時再做決定。別做對自己不利的事。當你的高我進來，就讓它主導。你的身心只是在達到與你的高等意識相同的境地。

在那之後，我又爲執行長抽了幾次符文籤，而顛倒的 ᛚ 拉格斯也不斷地重複出現。這位執行長把自己逼上了絕路，然而我相信，他的內心深處知道這種急轉直下的狀況會讓他完蛋。他的高我透過盧恩符文在跟他說話，但他凡人的那一面並不願意傾聽。當我們的直覺想要與頭腦溝通時，我們偶爾都會出現這種掙扎。盧恩符文只是在我們的頭腦（凡我）和直覺（高我）之間架起一座對話的橋梁。凡我深陷在恐懼和自我的泥淖中，高我則是全知的，並且其觀點永遠著眼於我們最高和最棒的利益之上。

從以上的故事可以知道，將接收到的訊息記錄下來是很有幫助的。我們第一次收到訊息時，有時會無法聽從或按照它的話去做，但我們有可能在日後覺得那是可行的。

盧恩符文的注意事項

有幾個盧恩符文看起來非常相似。解讀符文時，你可能要仔細檢視才能正確分辨它們。

首先是代表夥伴的ᚷ（蓋伯）和代表約束的ᚾ（納奧帝斯）。要注意，蓋伯是筆劃對稱的符文，形成一個完美又平衡的X；納奧帝斯的筆劃則不對稱，並且有一點歪斜。

再來是代表完整的ᛋ（索威羅）和代表臣服的ᛇ（愛瓦茲）。要注意，索威羅有點像英文字母S，並且略爲朝上；愛瓦茲則是有點像英文字母z，並且略爲朝下。在製作盧恩符文前，你可能會想先練習畫每一個符文，以便將來能清楚地分辨和解讀它們。在某些文獻中，索威羅也會畫成這樣：ᛊ。

此外，請注意代表生育的ᛝ（英瓦茲）。我個人比較喜歡ᛝ這個符號，但也有人把英瓦茲的符號畫成ᛜ。如果你是買現成的盧恩符文套組，這兩種畫法都可能出現。

你可能會發現，在51頁的圖中，除了二十四個盧恩符文外，還有一個代表未知的空白符文。有些人在解讀盧恩符文時會使用這個空白符文，有些人則否。我個人喜歡使用空白的盧恩符文，不過我發現它其實很少出現。空白的盧恩符文所代表的觀念是：有些事物超越了我們現在的理解、還不知道或還無法被預見。這個觀念很符合我的想法，所以我把空白的符文也加了進來。你直覺地感覺怎樣是對的，就怎樣做吧。此外，我也曾在外面販售的盧恩符文套組中，看見它們把空白的符文畫成◇。

如果抽出來或拋出來的符文是顚倒的，許多傳統的解讀者會將它視爲「暗枝」（merkstave），代表該符文交雜著黑暗的意涵。由於我認爲所有的神聖指引都來自於純粹的愛和光明之境，因此不論從科學或靈性的立場來看，我都難以接受那種交雜著「黑暗」意涵的觀念。

我們使用盧恩符文是爲了發展清明和自信，但威脅性的訊息無法令我們安下心來，也無助於我們了解朝旅程邁進必須採取的步驟。我們的靈性指引和高我像個寶貝孩子似地對我們說話，其話語會令我們感受到無止盡的支持和被愛。聽完這些親密的對話後，我們應該只會感受到被呵護和啓發，即使它鼓勵我們走的下一步有點嚇到我們。當盧恩符文在我的心靈之眼中直覺地浮現時，我看到的符文都是正面的。

基於這些理由，當拋出顚倒的符文時，我也不會做出截然不同的解釋。對我來說，抽出顚倒的符文只可能解釋爲你對符文給出的建議有所抗拒，彷佛符文是在對你說：「也許這些話你不喜歡聽，但……」因爲你認爲它的建議不值得考慮。

爲此，我建議你把每一個盧恩符文正面的樣子都記起來，以便它們被抽出來或拋出來是顚倒或橫向時，你仍可以認出它們。至於那些本來就對稱的符文，則沒有顚倒可言。例如，蓋伯正面的樣子是ᚷ，橫向也是ᚷ；英瓦茲是另一個不論正面、橫向或顛倒都保持對稱的符文：ᛝ或ᛝ。

最有趣的是索威羅，我看過它被畫成ᛋ和ᛊ，兩者都可以說是正面。

隨著時間的積累，你會對符文呈現暗枝的原因發展出自己的解釋。關於這一點，只要你感覺對就可以了。沒有什麼方法是錯的，因爲這個高等的指引是用你自創的系統來讀取的。

5 選擇一套盧恩符文，啟動你們的連結

小學學習閱讀和書寫時，我們會先練習畫每個字母。我發現畫盧恩符文非常容易使人平靜下來。我平時很少焦慮，但當我爲某事感到焦慮時，我會隨手畫幾個盧恩符文的組合。我發現這與靜心有異曲同工之妙，能令我完全放鬆下來。

請利用左頁的浮水印，花幾分鐘時間描摹每一個符文。留意你描摹時出現什麼樣的感受。從最吸引你的符文開始描摹。

建立使用符文的個人習慣

個人的習慣是日常生活的一部分。早晨開始新的一天之前，我們可能有先喝杯咖啡、看社群媒體上最新動態的習慣。對於事情運作的方式和時機，我們可能有某種習慣；甚至準備上床睡覺時，我們也有特定的習慣。盧恩符文的運用也不例外。請你在下列關於盧恩符文的操作方面養成自己的習慣：

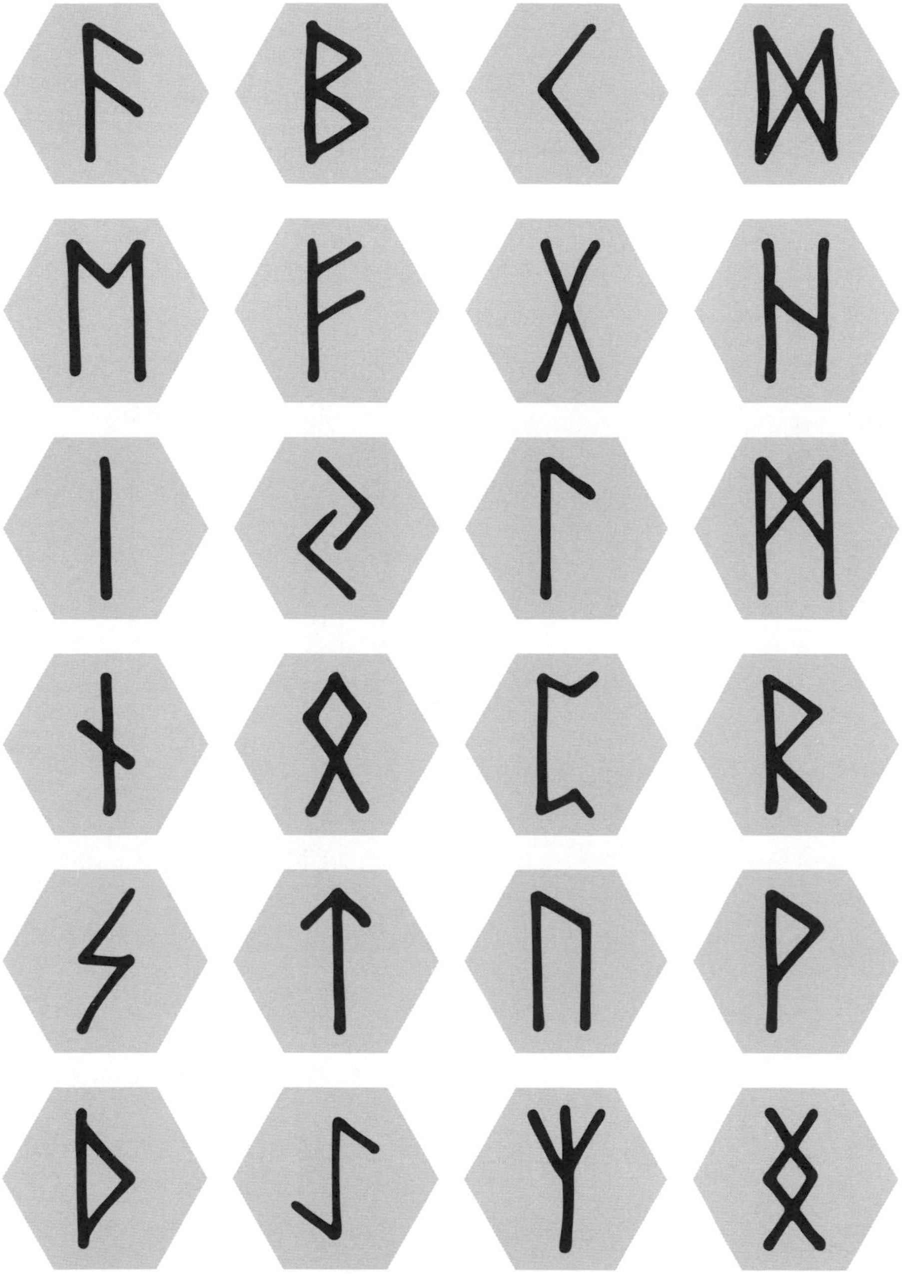

- 選擇你的第一套盧恩符文組
- 加持你的盧恩符文
- 保存你的盧恩符文
- 淨化並加持盧恩符文

我們先從選擇你的盧恩符文開始。爲自己選擇正確的盧恩符文組是很重要的一步。你越是感覺自己與符文組緊密相連，你就越可能將它們納入你的生活中。

首先，想想看你喜歡哪一種材質的盧恩符文。盧恩符文可以畫在任何平坦的表面上。以下是盧恩符文常見的一些基本材質：

- 石頭：從海洋、河川、大地或對你有重要意義的地方撿來的石頭。
- 金屬：模壓或鑿刻的銅板。
- 木材：用各種樹木的細枝裁切成小圓片。
- 黏土：你可以自己製作和燒製。
- 水晶：拋光或滾圓，有各種顏色和種類。

接下來決定你是要自己製作，還是買現成的盧恩符文。我個人有強烈的偏好喜歡自己製作。因爲盧恩符文越是個人化，你與它們的連結就越深。倘若你決定自己製作，那麼材料你可以用買的，也可以自己去蒐集。

如果你要自己蒐集材料，那麼石頭、木材和黏土都很適合製作盧恩符文。如果你選擇的是石頭，你可以用刻磨機鑿刻或用顏料彩繪；如果你選擇的是木材，你可以用雕刻的或使用燒烙筆；如果你選擇的是黏土，你可以用雕刻的或用顏料彩繪。

如果你喜歡自己買材料來製作，那麼你可以在網路上訂購一套二十五個素面黏土撲克籌碼和一支油性彩色筆，然後將盧恩符文畫在撲克籌碼上。我的工作坊就是採用這種簡單的方法，十分鐘便可以製作完成，省時又省力。

下圖是一套完整畫在黏土籌碼上的盧恩符文。

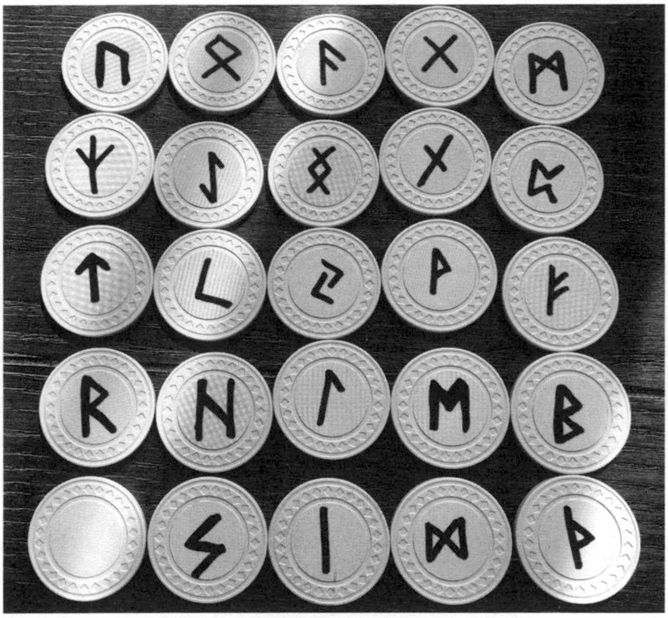

黏土撲克籌碼上的盧恩符文

你也可以去當地的手工藝品店。我的藝術家朋友薩賓娜用多種顏色的玻璃籌碼製作她自己的第一套盧恩符文。下圖就是她的符文組。

如果你喜歡高品質的材料，那麼Pelham Greyson是很棒的選擇，這是康乃狄克州北斯托寧頓的石材和水晶大型零售商和批發商。若你不是住在當地，你也可以上網（網址：www.pelhamgrayson.com），順便看一下他們所販售的滾圓寶石。用扁平、拋光過的石材來製作盧恩符文是最理想的。但要注意的是，石材的體積越大就越容易損壞。

若你選擇的材料是拋光過的水晶，就要挑大約五美分硬幣的大小。因爲如果超過二十五美分硬幣的大小，當它們掉落或拋在堅硬的表面上時，就很容易碎裂。

我最近用Pelham Greyson的拋光水晶製作了兩套盧恩符文組。挑選製作符文用的水晶本身就是一種體驗。左圖是我最近製作的盧恩符文石，長度大約三．八公分且裁成籌碼的形狀。這種材質其實小一點會更好。

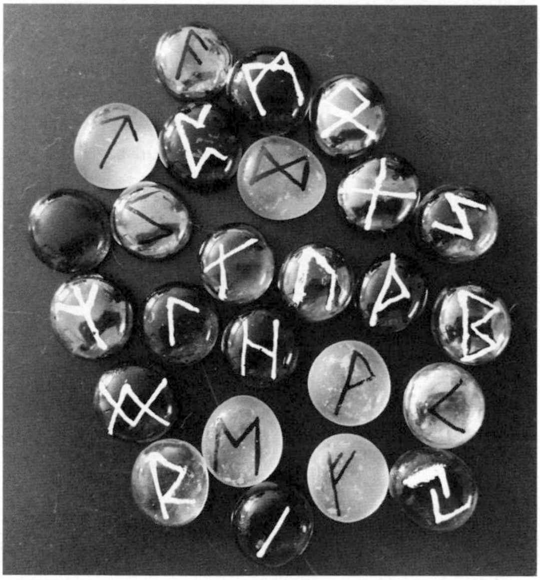
玻璃上的盧恩符文

大家都知道紫水晶有使人平靜和放鬆的效果，它能引發創造力和邏輯思維，解讀盧恩符文正是需要這種頻率。眾所周知，黑瑪瑙能促進精神集中和專注，它能在保持理智的狀況下連結你的頭腦和靈性，而這也是解讀盧恩符文的重要基礎。

紫水晶上的盧恩符文

黑瑪瑙上的盧恩符文

我用幾個方法做過實驗，在許多種材質的表面上鑿刻盧恩符文。爲了方便操作，不論你選用的是什麼材質，我都建議你買尖頭的油性彩色筆來畫盧恩符文。雖然彩色筆有許多種顏色，但使用白色彩色筆在深色的石頭或水晶上畫符文，看起來會特別亮眼。畫完符文後，可再噴上手工藝品店賣的壓克力噴劑之類的透明漆。

若你不擅長自己製作盧恩符文，那麼你可以在網路上或是一些身心靈用品店買到它們。依據材質的不同，一套盧恩符文組的價格大約在十美元至五十美元之間。我個人很喜歡粉紅石英的材質。粉紅石英被認爲是心之石，當它被刻上盧恩符文，便可以產生平靜、慈悲、療癒和各種使你感受到力量的效果。我在丹佛的身心靈用品店看過手工雕刻在樺木上的盧恩符文組，那是我見過最昂貴的，一套售價八十美元。

接下來是加持你的盧恩符文。如果你是自己親手製作，那麼你與那些材料和盧恩符文就已經有了連結。不過，再次採取加持的步驟是很重要的，這麼做能夠加深你與盧恩符文的連結，並使你能開始讀取那些透過它們傳達給你的更高層次的智慧。

加持符文的方式不是僅有一種，以下是我個人必定會用的一些方法：

- 將所有的符文攤開在桌面上，正面朝上。將符文一個接著一個拿起來放在手上，然後查出它的名稱和內涵，並大聲說出來。例如：「這是盧恩符文恩索茲，對應的字母是Ａ。抽到這個符文，我會將它解釋為……」然後大聲念出它的內涵。將那些最引起你共鳴的詞彙或句子標示出來。當你覺得準備好了，就換下一個符文，直到全部二十四個符文都加持完畢。

- 把盧恩符文放在你的枕頭下睡三天。心中要有這樣的意圖：藉由將它們放在枕頭下，你釋放了盧恩符文所帶來的古老智慧，並在能量上與每一個符文建立連結。
- 每天使用它們，不論去哪裡都把它們帶在身邊。

有些人可能會質疑加持盧恩符文的重要性。但是我會說，這一切都取決於你的想法。事實上，你會讀這本書，就表示你在直覺上受到了盧恩符文的吸引，並且已經與這些符文產生某種關係了。如同我之前提到的，我第一次看到這些符文及其代表的意義時，幾乎就同時完全了解它們了，而我可沒有照相般的記憶力。我猜想這也可能發生在你身上。

有一個有趣的訣竅是：你可以在小睡片刻或睡覺之前，看著盧恩符文和它們的意義。因為研究顯示，我們會更容易記住睡前複習的東西。

關於盧恩符文的保存和攜帶，你可以選擇更傳統的方式，例如把它們裝在一個小束口袋裡，這挺合適的。有些人可能喜歡把盧恩符文裝在玻璃盒或木盒子裡，然後放在家中安全的地方。在使用盧恩符文的頭幾年，我總是把它們帶在身上。我覺得它們是我的一種延伸，因此我將它們裝在手工縫製的束口袋裡。這個束口袋是我的朋友吉娜去中國旅行時幫我帶回來的。

現在我的家裡有許多套由各種不同材質製成的盧恩符文組，我把它們放在盆栽裡、掛起來當裝飾品、或放在壁爐上展示。幾乎每個地方都看得到它們的蹤影。

有些人選擇將盧恩符文包在特別的布裡。他們會打開這張布充當毯子，然後按照儀式將這些符文拋在上面。這不是我的做法。但如果你覺得這很適合你，你當然也可以這樣做。

重點是，關於盧恩符文的保存方式，你要建立自己的習慣和傳統。例如它們是可移動或靜止的，或是你覺得是否需要在一個特殊的「舞台」上解讀符文。

最後，你可以選擇某種清理和淨化符文的方式。如果你相信物體就如同我們人類一樣，會受到能量頻率的影響，那麼在你使用它們之後，可能會想用某種方式來淨化這些符文石。淨化它們是爲了清除那些隨著時間吸附來的濁氣或不舒服的能量。這麼做就像是爲電子用品更換新電池一樣。透過清理和淨化，我們便可以擴大符文石的力量。

以下是清理、淨化和加持盧恩符文的一些方法：

- 將所有的符文攤開在桌面上，正面朝上。閉上眼睛，觀想每個符文被純粹又明亮的白光淨化。在心中保持這個意象片刻，並在心中發出這樣的意圖：「這道療癒的白光正在清理和淨化我的符文。」
- 手中一次握住幾個符文，放在流動的水下沖洗。想像清涼的水沖走它們吸附的所有殘缺不全的能量。

- 把你的符文放在窗臺上，或外面任何能直接照到日光或月光的地方，讓太陽或月亮的自然恢復力重設及加持你的符文。
- 焚燒乾燥的鼠尾草，直接用它的煙薰你的符文。大聲說出或在心中默念你正在清理和淨化它們。

要注意的是，你可以自行決定全部採用、部分採用或完全不採用這些儀式。你甚至可以創造你自己的儀式。你可以決定，你是唯一可以觸碰你的符文的人；你也可以決定，任何人都可以觸碰你的符文。你也可以選擇在某個特別的地方帶著它們一起睡覺。總之，你感覺怎麼對，就怎麼做。這裡沒有所謂的錯誤方法，因爲在你與你的符文之間創造出魔法的，是你的做法背後的意圖和能量。

開始：啓動和練習解讀符文

在深入符文的解讀之前，我們先幫助你進一步熟悉這些字符，以便啓動你與盧恩符文之間的連結。

看看下列用盧恩符文拼成的句子。在破譯之前，你能憑著直覺解釋它們嗎？你可能莫名地對這些字符有著某種熟悉感。

ᚲᚨᚱᛈᛖ ᛞᛁᛖᛗ

ᛟᛈᛖᚾ ᛇᛟᚢᚱ ᚺᛖᚨᚱᛏ

你感覺到什麼?準備好之後，請利用第三部分的盧恩符文索引（見226頁）來破譯這些句子。

再次看看完整的盧恩字符，你覺得其中哪些符文特別吸引你？將它們寫下來。

查閱一下這些盧恩符文的意義。其中有哪些意義特別引起你的共鳴？理由是什麼？把你的想法寫下來。

現在，我們來製作你自己的盧恩符文字母組合。寫出你的英文姓名縮寫字母所對應的盧恩符文。

我的姓名縮寫是D.A.D，所以我的盧恩符文字母組合是：

這個字母組合是達格斯—恩索茲—達格斯，其意義是突破—信號—突破。當我思考它與我這輩子的關聯時，我想到的是，我的人生就是面對和克服一連串的挑戰，並且這些挑戰一次比一次大。而我越是覺察並接受我所接收到的信號和指引，我就越容易堅持不懈；我越是開放，我就越感謝這些改變我人生的頓悟（*aha*）時刻。

儘管我並非一直都能覺察到，但我這一生都得到人和靈性的指導，它們一直在傳送給我直覺的信號。其中一位重要的指引者是我的母親。當我有心事時，她總是陪在我身邊並給予我特別的支持，儘管她在我二十三歲時就已撒手人寰。

母親去世後，她開始傳送信號，讓我知道她就在我身邊。她用各種巧妙的方式引起我的注意，尤其是當她覺得我迷失了方向時。她必做的動作是，把我家裡的燈泡弄熄。不到一個禮拜，家裡就壞了四、五、六個燈泡。我是經過一段時間後才看出這個不尋常的模式。最後我發現，每當我感到事與願違（感覺失落、感覺不夠眞誠地活出自己的人生）時，就會發生這種事。而這時候，我最需要的就是母親的意見。

到了三十五歲，我才在自己萬念俱灰時跟母親說話。我會哭著問她：「媽，我需要您的幫助。請您告訴我該怎麼做？」不知怎的，我會立刻知道她要說什麼；我幾乎可以在心中聽見她那實際又鼓舞人心的意見。於是我了解到，不論我面臨的挑戰是大是小，母親一直都支持著我，並幫助我完成必要的突破。

現在，幾年過去了，我已能開放地接受來自任何人、時、地的信號。結果，我的突破變得更加頻繁，卻沒有那些經常伴隨著突破而來的痛苦。

根據你的盧恩符文字母組合，你要如何總結你心中的人生故事呢？

把你的故事寫下來：

這些符文聯想的訓練，能在你與盧恩符文發展關係時，幫助你練習如何運用它們。抽符文籤時，你會用到兩邊的腦：左腦能幫助你用文字思考、憶起事實和應用邏輯；右腦使你能觀想、想像和啟動你的直覺。當我們以這種方式提升兩邊的腦，我們便能達到新層次的清明和自信。

現在，我們就從解讀你自己開始，來練習各種解讀盧恩符文的方法。

6

讓盧恩符文引導你的方向

你可以把盧恩符文想成是一種動態的個人導航系統，隨時準備好爲你指引方向。雖然斷斷續續地使用盧恩符文也能爲你帶來好處，但最好還是將它融入生活中，養成每天都使用它們的習慣。你可以利用盧恩符文來設定你當天的焦點，或是在睡前用它們來結束這一天。你也可以在有疑問的時候隨時利用它們。

擁有一套盧恩符文組有助於提醒我們，在做出反應或跳到結論之前可以先暫停一下。因爲我們許多人的生活步調極爲快速，很容易在個人或職場生活中落入「先做了再說」的陷阱。然而，把盧恩符文放在一個常規的地方（例如床頭櫃、辦公桌上或背包裡），你才不會忘記利用它們來過著更清楚明瞭和泰然自若的生活。

利用盧恩符文來引導自己時，你問的問題可以很廣泛，也可以很具體。你可以簡單地問「是」或「不是」，也可以問諸如「這個狀況我需要知道些什麼？」之類的高層次問題。你可以尋求關於如何處理某個困境的指引，也可以尋求洞察你的人際關係。總之，你可以問任何你想問的事，並了解其結果。你越是經常使用盧恩符文，你與它們的關係就變得越強大。你會開始發現某種模式，同樣的符文會不斷出現來吸引你的注意。

除了問問題外，你也可以告訴符文你需要什麼。如果你準備好展開新的嘗試或計畫，那麼你可以畫ᛈ（佩索）來導入起始的能量；如果你正在旅行，那麼你可以向ᛉ（奧吉茲）祈求保護的能量；如果你感到焦慮而需要讓心冷靜下來，那麼你可以把代表靜止能量的符文ᛁ（伊莎斯）拿出來帶在身上。代表突破的盧恩符文ᛞ（達格斯）是我最喜歡的符文之一，我經常在靜心時看見它。當它出現時，我就會非常確定我當下在事業或創意方面所面臨的任何困境，其實是引導我在思維方式上做出重要的轉變。我知道目前看似困境的狀況，將會把我帶到比我之前想像的還要更好的結果。

最近我要與潛在的投資者開一場關於醫療級的靜心應用程式會議，過去一年半來，我和我的團隊一直致力於開發這個應用程式。當時我們準備好在希臘雅典與一位擅長減重的醫生合作進行醫學試驗。我刻意拿出三個符文ᛝᛃᛚ，分別代表生育、收穫和流動，以便在第一次會議時（幸運的是當天剛好是新月）播下這些能量的種子。我發出意圖：第一次的會議將迎來更多的會議，並且大家會達成有利於雙方的共識。

有意思的是，一個月前就安排好的這個會議，居然在開會前十五分鐘臨時取消了。我們的律師給我們加油打氣，使我們不至於心灰意冷。不過，對於會議臨時取消一事，我並不感到沮喪，因爲我已經學會對自己說：「事情總是會爲我做最好的安排！」我有信心，會議將來還是會進行，並且新的時間點甚至會更好。

因此當這個會議在另一個新月重新舉行時，我的想法獲得了證實。由於我有三個強而有力的盧恩符文（生育、收穫和流動）護身，我信心滿滿地走進會場。當時我穿的衣服沒有口袋，所以我將它們妥當地塞進胸罩裡，如同那些懂得盧恩符文的企業家們偶爾也會做的一樣。

要更加熟悉盧恩符文，有三個簡單的方法：

- 「是」或「否」的解讀。
- 每天抽一個符文進行開放性的提問。
- 抽三個符文來了解狀況。

「是」或「否」的解讀

剛開始使用盧恩符文，最簡單的方式就是問一個基本的「是」或「否」的問題，然後抽一個符文出來。你可以這樣問：

「我可以相信這個人嗎？」

「現在是換工作的好時機嗎？」

「這段感情適合我嗎？」

「我有看清楚這個狀況嗎？」

當你有疑問或猶豫不決時，「是」或「否」的解讀是非常有幫助的。今年稍早之前，我陪著一位非常親近的朋友，當時他正在解決一些個人的問題。那一天我已經陪伴他很久了，可是我想在支持朋友與成就我內在的藝術家之間取得平衡，而後者需要在家獨處的時間。儘管這樣做會讓我感到不安，但我還是向他道別，然後開車回家。才開了兩分鐘車程，我就出現非常不舒服的感覺。我心裡納悶著：「哎呀，這是怎麼回事？」彷彿我內在有某種東西在說：「轉頭回去。」我突然被那種感覺占據了。一時之間，我感到強烈的矛盾，不知如何是好。

於是我把車停到路邊，然後拿出我的符文袋。我閉起眼睛拿著符文袋，大聲地問道：「我回去陪朋友，對我才是最好、最有益嗎？」我抽出一個代表保護的符文ᛉ（奧吉茲）。此時，我關心的不是我抽到什麼符文，而是我抽到的符文是正面向著我，其代表的意義是「是」。事實上，我又對那個答案感到懷疑，這是從未有過的事。因爲最近幾次靜心，我得到的指引都是要我多花時間獨處，而不是陪伴他人。於是我用另一種問法再問一次：「所以，我現在應不應該回家？」然後我再抽出一個符文。這次抽到的符文背向著我，其代表意義是「否」，也就是說，我不該回家。我偏不信邪，於是再問第三次：「你的意思是說，我現在應該轉頭回去安慰我的朋友嗎？」然後我抽了第三個，也是最後一個符文。這次抽出的是代表起始的ᛈ（佩索），並且符文的正面向著我。於是我有了明確的答案：回去陪朋友。

「好，好，」我說：「我知道了。」

由於我把車子停在黑暗的鄉間道路旁，看起來好像遇上什麼麻煩似的，於是一輛警車開到我的旁邊，我們彼此都搖下了車窗。

「你還好嗎？」年輕的警察問。

「沒事，」我回答：「我只是不知道該去哪兒，但現在我知道了。」

「好吧，祝你有個美好的夜晚。」話一說完，他就開著警車慢慢消失在夜色中。

我抽到代表保護的盧恩符文，然後警察就出現了。難道這是巧合嗎？如果是，那麼你開始使用盧恩符文之後，這種巧合會一直頻頻出現。後來我按照指引，又回到朋友家。朋友看到我，彷彿又活了過來，臉上充滿了感激。我在沙發上坐在他的身邊，內心感到很安定。因爲我知道，此時此刻我就是應該待在這個地方。我能平靜地全然處於當下。

爲了讓這個方法用得更順手，在問重大的問題之前，你可以先從問一些較無關緊要的問題開始。步驟很簡單：

1. 把盧恩符文拿在手中。如果你使用的是符文卡牌，那麼在你把心靜下來的同時，可以對它們進行洗牌數秒或數分鐘。

2. 閉上眼睛。做幾個深呼吸，讓自己放鬆下來。問你的「是」或「否」問題。你可以在心中默念，也可以大聲說出來。問題問得越具體越好。

3. 眼睛不要看，抽出一個符文。如果你使用的是符文石，那麼看看你的符文是正面向著你，還是背面向著你？如果你使用的是符文卡牌，就看看它是正向的，還是顛倒的？
4. 如果符文是正面向著你，就代表它對你的問題的回答是「是」；反之，則爲「否」。
5. 注意你得到答案時的感覺。

你對得到的答案感到放心嗎？我經常是如此的。我內心有個東西總是會說「沒錯！」來認可那個答案。只有少數幾次，我得到的回答令我感到訝異或震驚，但它們會讓我深入地檢視我對於利害關係的感覺。如果我想要的答案是「是」，但卻得到「否」的回答，就代表有比我的感受更多的東西存在。接著，我會與它共處並沉思一番，然後帶著不同層次的自知之明離開。

對我來說，這個「是」或「否」的方法從來沒有失誤過。你越是經常問「是」或「否」的問題，你就會對使用盧恩符文作爲個人的導航更具信心。

每天抽一個符文進行開放性的提問

你是否曾經一起床就心情不好？聽到鬧鐘響起，想到要去上班、有一大堆要處理的工作、或不得不解決那些令人討厭的事情時，你是否感到心煩意亂？如果一天的開始是焦慮或擔心，那麼這些感覺就會籠罩著你一整天。畢竟，受到人性的影響是我們常有的事。

又或者，我們早上起來就忙得團團轉，感覺什麼事都得瘋狂地追趕：搞定小孩的事、泡咖啡、夾在交通尖峰時段的車流中等等。

抽一個符文進行開放性的提問，是一種按下重設鍵來清除負面思維、或是在面對新的一天之前按下暫停鍵來集中焦點的方法。盧恩符文是幫助你天天練習的好工具。每天早上抽一個盧恩符文並閱讀它的內涵，你就會獲得當天必須聚焦在什麼上面的建議。

當你與盧恩符文的連結越來越緊密，你將會發現符文出現在你的心中。當我閉上眼睛進入狀態，然後提出問題，我會立刻在心中看見一個符文。事實上，早在我認識盧恩符文之前，我就在自己的心靈之眼中見過它們了。

大約四年前，在我的心難得靜下來的時候，我的心中會閃過一個這樣的符號：

在看見這個符號幾個月後，我問我的合夥人麗塔是否知道它是什麼。麗塔是具有直覺天賦的人，並且擅長靈性療癒。我們是在二〇一三年的一場週末靈媒工作坊認識的。當時我還在別家公司努力爬升，在康乃狄克州一家被《財富雜誌》評為前一百大的公司裡帶領一個研究團隊。雖然我喜歡那個工作，公司給的紅利也頗爲可觀，但我總覺得少了些什麼。我不清楚自己的人生目的，於是展開了我的靈魂追尋。

我踏出大膽的一步，在那一年的七月成立一家名爲「至日策略合夥人」（Solstice Strategy Partners）的有限公司，但我不知道爲什麼會取那個名字。「至日」這個詞是憑空想出來的。當人們問我爲什麼取這個名字時，我會回答：「我也不曉得；但我就是知道它的名字是這個。」

此外，我也不曉得這家公司要做哪一種生意。我知道它會做某種諮商的工作，但我同時也感覺到有其他的東西仍在慢慢發展中。

結果，兩個月後，我認識了麗塔。麗塔天生就具有直覺能力，但她的天賦是在那個時候才開始眞正發揮出來。在我們第一次交流時，她告訴我：「我們將會一起合作事業。」我連想都沒想就回答說：「我知道。」幾個月後，至日策略合夥人就成立了。

現在回到看見ᛋ的事。當時我問麗塔，她知不知道那個符號是什麼。她放空了一會兒，當她進入另一個時空時經常會這樣。然後她說：「盧恩符文……你會研究盧恩符文。我看見你在解讀盧恩符文。」

我問：「什麼是盧恩符文？」

她說：「我不知道，我也是剛剛才聽到這個詞。你會想起它們，是因爲你已經知道它們了。」

儘管當時我完全相信她的天賦，但我尚未擁有自己的直覺能力，於是我說：「好吧。」但我心裡想：「我絕不可能在近期內做盧恩符文的解讀，那對我來說太遙遠了。」說得跟眞的似的！

那次談話後，我在網路上搜尋了一下盧恩符文，終於找到我一直看見的那個符號ᛋ，叫做索威羅，字面上的意思是「太陽」，其代表的意義是完整。我驚呆了，因爲我的至日策略所使用的標誌就是一個發光的太陽。

我想起自己當時爲什麼非得取「至日」這個名字不可，這其中有太多無法忽略的巧合。

接下來幾年，至日已經發展成人們獲得療癒和恢復完整的商業場所，這同時也是我們所有人走上的終極旅程。麗塔爲成千上百的人做諮商，幫助他們度過從離婚到轉換職業的人生巨變；我則是教導企業主及其管理團隊，使他們能成爲更有意識和更具溝通能力的領導人。

Solstice
STRATEGY PARTNERS, LLC

至日策略合夥人的標誌

有意思的是，我們從不擔心會失敗（至今也一樣）。我們兩人都是著眼於全球的變化，辭去高薪工作跳進企業界的。這個召喚實在太強烈了，沒有任何事物能阻止我們。二〇一四年，我們在我們的第一個網站上大膽地宣布，我們將在二〇二〇年影響十億人的生命。雖然我們這兩個從事靈性工作的人當時還不曉得該怎麼做，但我們心知肚明，如果我們不設定目標，就永遠不會有達成的一天。

至日（現在叫做「快樂九重天」）已經發展成一家健康科技公

司，裡頭有二十位我們稱爲「靈魂家人」的神奇超人。自從二〇一八年我們推出第一個名爲「醫心」（MediMind）的靜心應用程式後，就陸續爲醫院開發醫療級的靜心應用程式來治療慢性疼痛。我們負責的工作是，藉由教導人們如何透過靜心來自我療癒精神和肉體上的痛苦，以解決目前鴉片類藥物所造成的危機。由於我們有這方面的技術，我們知道要達成十億人的目標是可能的！我們只是需要多一點點的時間。

在麗塔分享她的所見之後幾個月，我才開始接受盧恩符文。

圖：KYLE PICKARD

快樂九重天的創意團隊，二〇一八年三月

由左至右：瓦爾里．羅傑斯（Valerie Rogers）、薩布麗娜．約翰（Sabrina John）、黛博拉．林恩（Debra Lynn）、迪蕾妮雅．黛薇絲（Delanea Davis）、亨利．艾丁格（Henry Edinger）、林恩．哈特威爾（Lynne Hartwell）、約翰．歐德魯姆（John Odlum）、麗塔．麥克雷（Rita MacRae）、布雷福德．提爾登（Bradford Tilden）。

不過重點是，在我了解盧恩符文是什麼之前，它們已經對我說話好幾年了。盧恩符文在我發展直覺能力的道路上扮演核心的角色。尤其在我們進一步擴展事業後，它就變得越來越重要。

從今天開始，每天找時間抽一個盧恩符文來回答一項開放性的問題。就像刷牙一樣，把每天抽一個盧恩符文變成你的日常習慣。想想看你要如何問你的開放性問題。以下是一些典型的例子：

「今天我必須聚焦於什麼？」

「我應該注意什麼？」

你也可以問得更具體一些，例如：

「今天上班我需要什麼樣的洞見？」

「關於我的健康，我需要看清楚什麼？」

在每天例行性抽出一個符文時，我個人比較喜歡問類似這樣的籠統問題。如果有某個符文令你感到熟悉，請把它記下來；同時也要注意，你在檢視它時出現什麼樣的想法或感覺。

當一切就緒時，請進行以下的步驟：

1. 把盧恩符文拿在手中。如果你使用的是符文卡牌，那麼在抽卡牌之前，請先洗牌。
2. 閉上眼睛。做幾次深呼吸，讓自己放鬆下來。在心中默念或大聲說出：「今天我必須覺察什麼？」然後抽一個符文石或卡牌。

3. 你抽到什麼符文？將它畫下來。

4. 翻開本書的第三部分，查閱一下你所畫符文的意義。根據你查到的意義，這個盧恩符文與你的生活現狀有什麼密切關聯呢？

你可能會想把那個符文放在口袋裡，作爲你記住當天必須聚焦於什麼的提醒物；或者，你也可以把它畫在你一整天都看得到的地方。我個人喜歡把它畫在手背上，就在我的左姆指下方。

我同時也建議你用以下其中一種方式，將你的盧恩符文經驗記錄下來。第一種方式是，回答本書第三部分中每個符文所附帶的那些「停下來反思」的問題。你可以在抽完符文後回答這些問題，也可以按次序只閱讀每個符文的意義，然後回答這些問題。覺得哪一種做法最適合你，你就怎麼做。

另一種方式是，當你感覺準備好了，就可以開始寫三十天的日誌，本書第二部分會指導你怎麼做。剛開始的七天，你會如同前面所描述的抽一個盧恩符文；接下來的七天，則會練習爲了了解狀況而抽的三個盧恩符文。你可以用本書的盧恩符文意義作爲起點，但同時你也要對盧恩符文所引發你的想法、感受或情緒保持開放，並將你的觀察記錄下來。

此外，你可能會發現同樣的符文一再地出現。當這種情況發生時，我們應該要特別留意它的訊息。對我來說，我認爲這表示我尚未將那個符文的意義完全內化，或尚未完全聽從它的建議。這就是某些符文會一再地出現，直到它們的訊息被接收爲止的原因。

除了反思和寫日誌外，我建議你將每天抽到的符文製成圖表，如此一來，你將更能覺察你所接收到的訊息。我經常會抽到 ᛗ（美納茲）。美納茲代表自我，它提醒我們，萬事萬物都是從我們自身顯化出去的。吸引力法則永遠都在運作著。不論我們的思想和行爲投射出什麼，它們都會回到我們的身上。每當我聽見學員說：「我的運氣眞好，這輩子有這麼棒的人在我身邊。」我總會提醒他們，這不是運氣，而是物以類聚。

你吸引來的，正是你投射出去的。如果你是所謂的正向、「高頻率」的人，你就會吸引來其他正向、高頻率的人；反之，如果你傾向於發出低頻率，你就會吸引來比較負面的人。美納茲提醒我，我是強而有力的顯化者。如果我期待某事發生，它往往就會發生。爲了讓夢想成爲事實，你必須相信，夢想或某件好事必然會在預期的時間到來。你的任務是去搞清楚你要「什麼」，至於「如何達成」就留給宇宙去處理吧！

在日誌中記下你每天抽到的符文，這樣你就可以清楚地看出某種模式。我喜歡在抽出盧恩符文後，寫下它對應的英文字母及其代表的意義，如下方表格所示：

星期日	星期一	星期二	星期三	星期四	星期五	星期六
喜悅 *V* ᚹ	旅程 *R* ᚱ	喜悅 *V* ᚹ	旅程 *R* ᚱ	靜止 *I* ᛁ	移動 *E* ᛖ	保護 *Z* ᛉ

抽三個盧恩符文來了解狀況

另一種使用盧恩符文的方式是，想想看你覺得生活中有哪一方面需要指引。舉例來說，也許你想洞察你與某位朋友的關係，或是你正在考慮轉換工作跑道。那麼，你就抽出三個盧恩符文，然後依序由右到左水平擺放，如左所示：

第一個符文（擺放在「目前的狀況」位置）提供你整個狀況的概要。它告訴你「情況是怎樣」。

第二個符文（擺放在「克服的障礙」位置）標示出，如果你想要最好的結果出現，你可能需要將哪些事情納入考量。它告訴你「必須做什麼」。

第三個符文（擺放在「解決的方法」位置）爲你指出可能的結果，尤其是指如果你聽從來自第二個符文的建議。它告訴你「什麼是可能的」。

要注意的是，這種解讀必須由右往左，這是歷來的傳統做法，也是我所樂於遵循的。

以下是我最近幫一位親近的朋友做的盧恩符文解讀。當時她和她的未婚夫正帶著她的三個小孩，在假日搭五小時的列車去拜訪未婚夫的家人。我想像她的身影，然後請盧恩符文指示關於她的新混合型家庭的狀況。

我再次以布倫姆的書作爲指導。盧恩符文的指示如下：

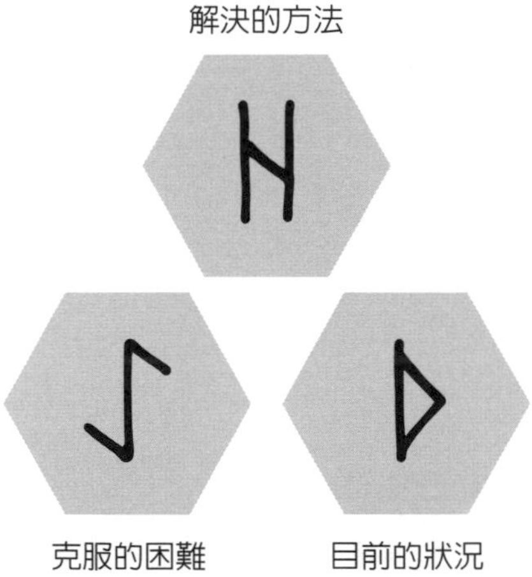

- **目前的狀況**：蘇里薩茲或門徑請你了解你的限制，並覺察到做重要決定的時刻已經近了。在採取行動前，先暫停一下並思考什麼對你來說是最重要的。
- **克服的困難**：愛瓦茲或臣服意味著做正確的事來堅持下去的重要性。要保持彈性的姿態，並了解從過去的狀況中，你成長了多少。如果出現延遲的狀況，也不要感到氣餒。愛瓦茲意味著結束和新的開始。期待過去的某個人事物出現，好讓你能在這次一勞永逸地解決它。
- **解決的方法**：哈格拉茲或擾亂表示有意想不到的事發生，因此，這次最好不要做任何長期的計畫。這件事會引發重要的改變，使你能放下過去、獲得重大成長的空間，並給予你尚未認識的自由感。

當我告訴朋友這些解讀的內容時，她立刻就想到，她與前夫的子女監護權之爭即將開庭。過去五年來，她和孩子們都承受著極大的壓力。在發生一連串改變人生的事情後，我的朋友搬回到從小長大的故鄉。在那裡，她可以得到父母和兄弟姊妹的支持，也可以確保孩子們不會受到她那精神失衡的前夫的傷害。

在正常的情況下，雙方事先都同意共同監護是最好的。然而她知道，爲了孩子們的幸福，不能讓前夫有共同的決定權。而這就表示她必須上法院，由法官來決定孩子們的命運。

盧恩符文解讀說的是她那耽擱了三年的事。三年來，她的前夫不斷在最後的法律協議上從中作梗，這令她感到相當沮喪。她認爲這些事情如果一直懸而未決，她的人生將無法繼續向前。她殷切期盼的這個開庭日，正標示著她人生某個篇章的結束。她非常想結束這個篇章，好讓自己能好好地享受接下來的人生。

由於本書付梓時，朋友的狀況還在進行中，因此我們不曉得對於解決的方法來說，代表擾亂的ᚺ意味著什麼。因爲它表示她將會有無法掌控的意外轉折出現。雖然它暗示著會有某種程度的情緒痛苦，但那將會是一種宣洩，最後使她能放下過去，並擁抱更好的未來。

你準備好要自己試試看了嗎？請按照以下的步驟進行：

1. 把符文袋拿在手中或洗牌。
2. 閉上眼睛。做幾次深呼吸，讓自己放鬆下來，同時想著你生活中哪一方面需要洞見或指引。在心中默念或大聲說出：「關於這個狀況，我必須知道什麼？」然後抽出三個符文，如左所示擺放好。

3. 查看每個符文的意義，然後將你讀到的內容應用到你所問的狀況中。這些符文帶給你什麼樣的洞見？

把盧恩符文的符號記錄在左方六邊形框框中：

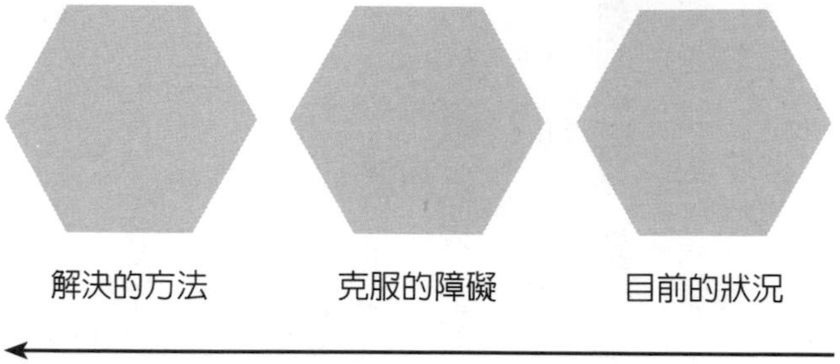

停下來反思

- 你問的是關於生活中的哪種狀況？

- 「目前的狀況」的符文如何分析你的現狀？

・「克服的障礙」的符文鼓勵你接受什麼樣的心態改變或行動？

・「解決的方法」的符文對你提出哪些建議？

當我使用這個三符文抽籤法，總是能得到清晰和新穎的觀點。這就好比你給了你的高我一支麥克風和舞台。只要你把舞台準備好，你的高我永遠有充滿意義的東西要告訴你。

特效助力：盧恩符文力量組合

另一種使用盧恩符文的方式是，當你在特定的日子需要額外的支持時，將它們組合起來。以下是一些深得我心的盧恩符文組合，但你也可以創造自己的力量組合。

力量組合

冒險	旅程 ＋ 喜悅
抱負	起始 ＋ 流動
平衡	成長 ＋ 門徑 ＋ 移動
自信	戰士 ＋ 完整
勇氣	自我 ＋ 力量 ＋ 保護
創意	收穫 ＋ 流動
指揮	信號 ＋ 敞開
信心	保護 ＋ 旅程
聚焦	突破＋靜止
自由	自我 ＋ 繼承 ＋ 起始
成長	擾亂 ＋ 突破 ＋ 完整
幸福	流動 ＋ 喜悅 ＋ 完整
獨立	繼承 ＋ 生育 ＋ 力量
領導	約束 ＋ 移動 ＋ 突破
正念	信號 ＋ 靜止
熱情	敞開 ＋ 夥伴 ＋ 喜悅
堅持	生育 ＋ 力量 ＋ 門徑
樂趣	自我 ＋ 喜悅 ＋ 流動
放鬆	靜止 ＋ 完整
安全	保護 ＋ 戰士 ＋ 門徑
成功	豐盛＋收穫＋完整
信任	自我＋夥伴＋未知

如果你想在特定的日子喚起某種情感或精神狀態，那麼你可以選擇對應的盧恩符文組合，然後在那一天將它們放在口袋裡隨身攜帶。

我特別喜歡我爲「領導」創造出來的力量組合：

- ᚾ約束：提醒我們要考慮到我們所想要的結果，而不是不經深思熟慮就做出反應。
- ᛖ移動：鼓勵我們更向前邁進以獲得進步。
- ᛞ突破：意味著我們感受到的成長之痛，往往能帶給我們更大的覺知和智慧。有句老格言說：「無法置你於死地的傷痛會使你更強大。」不論是處於領導的位置或在日常生活中，這句話都千眞萬確。

通常我的公司發生意料之外的事情時，我都不會感到氣餒；相反的，我會採取中立的態度，心想：「任何事都有第一次，而我從這件事當中學到了什麼？」現在當公司做了虧本生意或遇到延遲的狀況時，我知道會有更好、更輕鬆、更有趣的東西出現。

當你開始以這種更加不偏不倚的方式來看待人生時，每一件事都會更輕鬆地流動。先前你認爲是壞的或負面的事情，也許是宇宙在爲你進行乾坤大挪移，好讓更好的結果發生。透過時間、些許耐性和盧恩符文，我們就會知道這一點。

你也可以試著創造結合式符文（bindrune），亦即把兩個或兩個以上的符文結合成一個來增強它們的力量。以下是兩個結合式符文的例子：

第一個結合式符文至少有五個不同的盧恩符文，第二個結合式符文至少有四個，你能看出它們嗎？你覺得這些組合對你有什麼意義？

盧恩符文與天體的連結

近來的一次靜心，我探索了盧恩符文與太陽系的天體和星座之間的關係。雖然盧恩符文和占星術看似屬於截然不同的系統，但我非常相信一切都是互相關聯的。因爲萬事萬物（包括人）都是由相同的本源能量所構成。盧恩符文、天體和星座都是強化我們內在力量的可行系統，並且只要你想要的話，一個貫通所有系統的連結就會存在。這一切只在於你所設定的意圖。

做卡巴拉靜心時，你必須用心力畫出不同組合的希伯來文字母作爲一種祈禱，以顯化諸如良好的健康或天使的支持之類的正向結果；同樣的，你也可以用盧恩符文來汲取太陽、月亮或太陽系行星的力量。盧恩符文可以形成一道打開天體能量的大門，並將那些能量導回我們的生命，使我們能在最需要力量之處得到更大的力量。

我是在一九七五年六月的一個滿月出生的，因此月亮的能量一直令我著迷。我喜歡在滿月期間靜心，然後寫日誌。任何時候，只要可能的話，我也會根據月亮的週期來預約會議或安排生活。新月爲新的計畫、生意和人際關係創造最佳的起始能量，滿月則爲循環

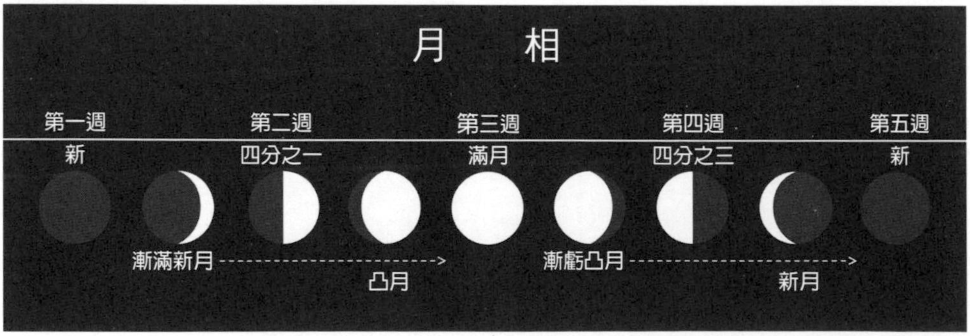

月亮的週期

和計畫的完成建立舞台。

漸滿的月亮帶來擴展和成長的能量，漸虧的月亮則引發釋放和縮減。

接下來的表格說明了哪些盧恩符文是被用來吸引月亮、太陽和每個行星的特定能量。

盧恩符文與天體之間的連結

天體	宇宙能量	對應的盧恩符文
太陽	自我表達、勇氣、自信、冒險、對外的展現	ᛋᚹᛗ
月亮	情感、直覺、保護、接受性	ᚨᛚ
水星	智力、理性、溝通、語言、好奇心	ᚱᛖ
金星	愛、關係、美、和諧、陰性特質	ᛃᛜᚷ
火星	行動、攻擊、競爭、慾望、熱情、性、陽性特質	ᛏᛉᛈ
木星	擴展、成長、理解、幸運、成功、樂觀、知識	ᛒᚠᛟ
土星	規則、結構、責任、秩序、義務、紀律	ᛁᚾ
天王星	意外的改變、叛逆、反常、創意、個人性	ᚺᚢ
海王星	靈性、潛意識、想像力、臣服、超越	ᛇᚲ
冥王星	轉變、力量、死亡與重生、進化	ᚦᛞ

現在，我們試著做一個以觀想爲基礎的靜心，來試驗一下盧恩符文結合宇宙能量所增強的能量。這個靜心使不使用實體的盧恩符文都可以。

首先，想一件在生活中對你有所要求的狀況或挑戰。它可能是要求你要有採取行動的勇氣（火星）、完全眞實的自信（太陽），或是在人際關係中更加敞開心扉的能力（金星）。當你選擇好你的狀況和對應的天體後，把對應的盧恩符文記憶下來，接著嘗試做以下的靜心：

1. 找一處能讓你放鬆，並且至少十分鐘都不會受到打擾的舒適地方。你可以坐著或躺著，但腿和腳不要交叉。將眼睛閉上。
2. 深吸一口氣，整個過程的時間是從一數到七。憋住氣，從一數到四；把氣完全呼出來，從一數到八。這樣重複做五次。
3. 觀想一個充滿閃爍星星的夜空，然後繼續舒適地呼吸。
4. 把你選擇的天體觀想出來。接著再觀想每一個對應的盧恩符文，以明亮的白光呈現在那個天體的表面上。
5. 當所有的盧恩符文都觀想出來了，讓它們在你心中留駐，此時你的眼睛仍然是閉著的。
6. 當你覺得準備好了，觀想每一個盧恩符文的白光從天而降，直接貫穿你的頭頂。
7. 感受盧恩符文的能量從你的頭頂慢慢地移動到你的臉、脖子、胸膛、手臂、軀幹、腿和腳。

8. 做此觀想時，你要有你的整個存在是與天空和大地緊密連結在一起的感覺。留意盧恩符文和天體的能量進入你的身體時，你出現什麼樣的感受。

把你的經驗記錄下來。要盡可能將你身體和情緒上的所見和感受都詳細記載下來。

靜心專注的天體：＿＿＿＿＿＿ 日期：＿＿＿＿＿＿

對應的盧恩符文：＿＿＿＿＿＿

我選擇這個行星和對應的盧恩符文是因為……

我看見……

我感覺到……

我現在更能覺察到……

改善人際關係的盧恩符文

除了使用盧恩符文來釐清關於你自己和生活中的狀況外，你也可以利用它們來了解你的人際關係。當我們身處於某件事之中，往往會因爲太接近了，反而看不清楚它過去、現在和未來的狀況與障礙。身而爲人的我們，通常不是把事情浪漫化，從而過於聚焦在我們的期待上而忽略其缺點；要不就是花太多的注意力在什麼是錯誤的，並把正確的視爲理所當然。

我們許多人經常會徵求朋友或家人的看法，但即使是那些最替我們著想的朋友，他們也有自己看世界的感知過濾器。他們會根據自己的生活經驗來評估我們的狀況，並可能將他們認爲最好的投射在我們身上。雖然朋友和家人的意見是出自於愛和保護，但卻往往帶著固有的偏見。

事實上，我們所能得到最好的建議是來自於內在，人際關係方面的問題也不例外，而盧恩符文可以爲我們打通這個管道。當你想要洞察自己的能力、未來的潛力或衝突的解決方法時，你都可以利用「是」或「否」抽籤法、單一符文抽籤法或三符文的狀況分析法。但如果想要更加深入，你也可以使用所謂盧恩十字陣的五符文抽籤法。

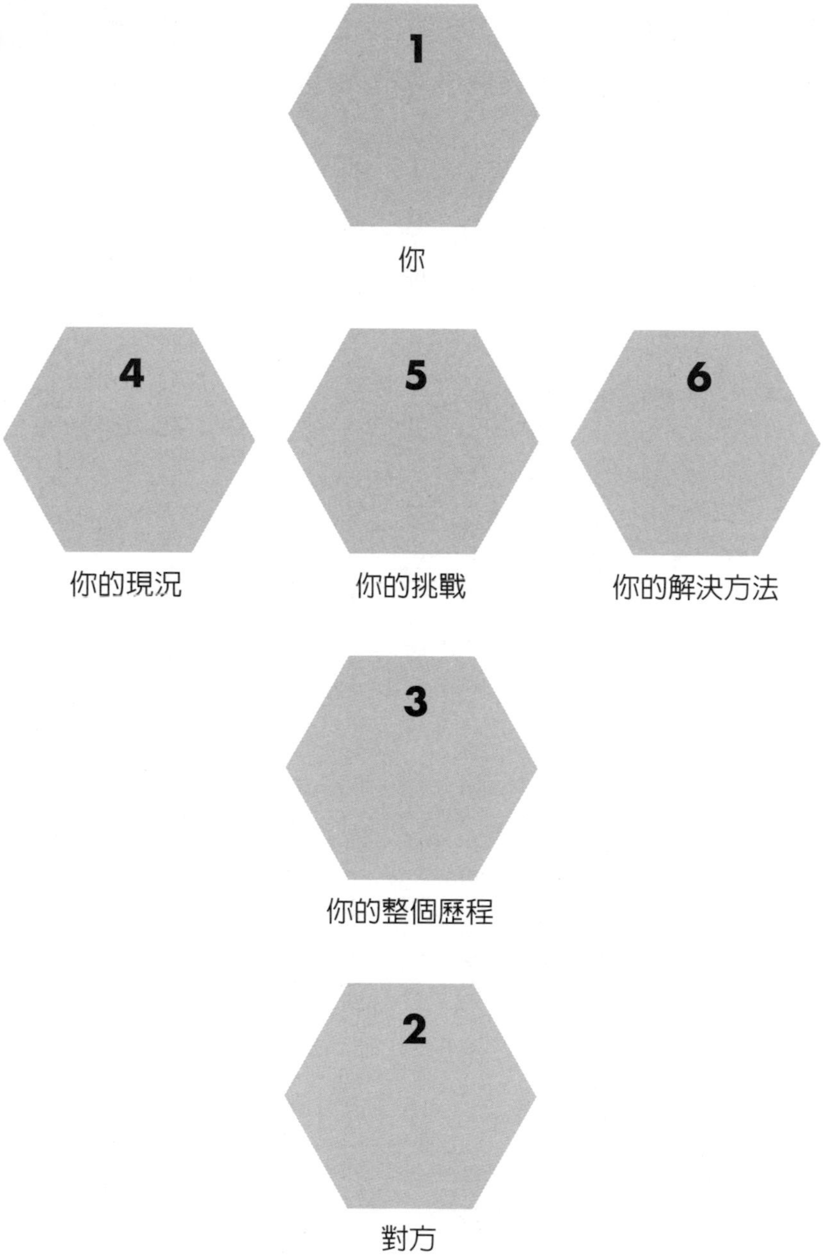
1
你
4
你的現況
5
你的挑戰
6
你的解決方法
3
你的整個歷程
2
對方

盧恩十字陣的解釋方法有許多種，但如同任何事情一樣，你的解讀背後所設定的意圖決定了它對你的意義。不過，我個人是這樣解讀的：

- 過去
- 現在
- 事情的核心
- 影響的因素
- 挑戰
- 解決方法

如果某個地方感覺不夠清楚的話，你可以再抽一個盧恩符文來獲得更多的資訊，只要你感覺想這麼做的話。

7 幫他人問事的盧恩符文

你可以把盧恩符文當作一種問事的工具，來幫助朋友、家人或需要新觀點的青少年。傳統上，這種使用盧恩符文的方式叫做解讀。有些人可能會認爲這聽起來好像是算命，但實際上，盧恩符文解讀是讓你爲某人創造一個安全又神聖的環境，以探索他們對於生活中發生之事的感受的一種方法。

如同爲你自己一樣，你也可以請別人參與以下的盧恩符文運用：

- 「是」或「否」的解讀
- 單一符文抽籤法
- 三符文抽籤法
- 盧恩十字陣

你可以請當事人閉上眼睛，然後問他們：「請用簡單的幾句話說明你生活中的哪方面需要更高層次的指引？」

當他們把盧恩符文拿在手上時，請他們觀想一下他們的狀況，就彷彿他們現在正在重新經歷它，讓任何與該狀況相關的自然情緒流露出來。

當他們準備好，請他們抽一個、三個或五個盧恩符文。我喜歡讓當事人親自去抽符文籤，但這只是我個人的喜好。如果你覺得能碰觸符文籤的只有你自己，那也沒關係。

他們每抽出一個符文，你就按照前面說明的方式擺放好。首先，向他們解釋整個擺法的意義；接著，向他們說明每個符文在解讀中占據的位置所代表的意涵。解釋完之後，聽聽當事人的回應。

解讀完盧恩符文後，接著進行你們的對話。你可以問：「根據我剛才所說的，有哪些讓你心有戚戚焉？」或者是：「這與你生活中發生的事有什麼關聯？」

接下來，仔細傾聽當事人對新觀點敞開的心聲，包括他們的理性面和創造面。幾乎在所有的情況下，當事人都會從你的解讀中發現某種意義的思路，並找出方法與個人關聯起來。試著別以任何方式帶領或主導當事人的方向，因爲這是他們處理、發現意義和思考盧恩符文所啓發的想法的時刻。

爲別人解讀符文時，我喜歡用一張空白紙來記錄符文的陣式。我會記下日期、陣式中每個符文的名稱，並標示出解讀的重點，好讓當事人能留下紀錄。通常盧恩符文的解讀訊息量會很大，當事人很難一次全部接受，尤其是觸及到情感方面的問題時。

當你幫別人解讀時，如果別人想知道不包含在該次符文解讀中的其他資訊，你隨時都可以再另外抽一次符文來回答他們的問題。

問自己「五個爲什麼」

你越是使用盧恩符文，你就勢必會開始注意到模式。你可能會發現，你在一週內不斷重複抽到相同的一個、兩個或三個符文，這表示你可能錯過了某個重大的訊息。一旦發生這種情況，就用以下的提問挑戰自己：「爲什麼這個符文會不斷出現？我要從中學習什麼？」

其中一個做法是我稱之爲「五個爲什麼」的練習。這是我在審核焦點小組或指導他人探索超越表面的理性思考的更深感受時，所使用的一項技巧。多問自己幾次「爲什麼」，可以讓你了解你的感受背後更深層的意義，並且這個意義可能會令你驚訝不已。

以我的例子來說，我非常喜歡代表喜悅的 ᚹ（溫究）。手工製作符文首飾時，我總是喜歡雕刻或畫這個符號。每天抽到它或是看見它出現在我的符文牌陣時，我總是會高興得大喊：「我愛溫究！」

那麼，這是什麼原因呢？如果你問我一次，我會說：「因爲我喜歡樂趣。那些認識我的人經常說，我比他們認識的其他人更有生活樂趣。」這是眞的。但除此之外，還有很多的原因。那麼，問我自己五次爲什麼我喜歡抽到溫究，我們會了解到什麼呢？讓我們來看看：

- **爲什麼**？因爲它讓我開心。
- **爲什麼**？因爲喜悅的概念讓我想起自己是過聖誕節的孩子。
- **爲什麼**？因爲身爲成人，我活在一個充滿壓力和責任的世界，遇到許多不快樂的人，而這些是我身爲孩子時覺察不到的。小孩的生活非常單純，充滿悠閒的時光和快樂。
- **爲什麼**？因爲我父親和奶奶把我保護得很好，不讓我知道家外的世界發生了什麼事。我不知道我有一個缺乏自理能力的母親，而她在與希望渺茫的精神疾病和酗酒問題搏鬥。
- **爲什麼**？他們是出自於愛才這麼做的，我爲此感激他們。

令人難以置信，對吧？我不是活在過去的人，因此我不會花時間去想童年時母親偶爾會住進精神病院的事。回想童年，我只會想到爬樹（我是典型的男人婆）；在週五晚上拿著錄音機在電視旁錄製混音帶；在後院做毯子堡壘；閱讀百科全書；還有一九八三年的平安夜，我的教父和教母送我椰菜娃娃，我竟然開心到哭了！這些是我童年最精采的回憶。

回想童年，我想到的都是關於創意、大自然、音樂和無條件的愛。雖然母親不在身邊，但當時我覺得什麼事都是可能的。由於大人的說法都一致，所以我總是相信任何事都是可能的。我大部分的回憶都是快樂的，這都得感謝我的家人，他們在我早年最易受影響的時期給了我愛和保護。

現在，換你了。看一下所有的盧恩符文，選一個現在最吸引你的符文。它可以是之前曾經吸引你的那個符文，也可以是另一個。然後問自己「五個爲什麼」，並將答案寫下來。

最吸引我的符文是：＿＿＿＿＿＿＿＿＿＿

爲什麼：＿＿＿＿＿＿＿＿＿＿

＿＿＿＿＿＿＿＿＿＿＿＿＿＿

爲什麼：＿＿＿＿＿＿＿＿＿＿

＿＿＿＿＿＿＿＿＿＿＿＿＿＿

爲什麼：＿＿＿＿＿＿＿＿＿＿

＿＿＿＿＿＿＿＿＿＿＿＿＿＿

爲什麼：＿＿＿＿＿＿＿＿＿＿

＿＿＿＿＿＿＿＿＿＿＿＿＿＿

爲什麼：

符文抛

另一種進階的盧恩符文使用法叫做符文抛（rune cast）。這種方法不是抽符文，而是雙手捧著符文，然後靜下心來，心中想著你需要指引的事情。我喜歡在每一個新年的開始做符文抛。我會捧著盧恩符文，然後問：「新的一年我需要知道些什麼？」

接著，放開手中的符文讓它們落在桌子上或一張布上。如果你喜歡大自然，你也可以讓符文落在沙灘上或土地上。此時你會發現，有些符文是正面朝上，有些是正面朝下。先把所有正面朝下的符文收起來。當只剩下正面朝上的符文時，運用你的直覺將它們分成不同的群組。每個群組就是一個「階段」（chapter）。至於每個階段將涉及到什麼，你的直覺會引導你。

我每次做符文抛，每次的群組和階段數目都不一樣。譬如今天早上我爲自己做了一次符文抛，問的是關於生孩子的問題。這是一個對我來說相當敏感的話題。身爲一個高度以事業爲主，並在四年前流產過的四十三歲女性，這些年來我一直在事業和生孩子之間掙扎。我要冒險放緩幫助世人療癒的天職，來追求自己當母親的夢想嗎？還是我要放下當母親的願望，繼續走在療癒自己和教導他人療癒的美妙旅程上？

這是我們許多人經常會遇到的兩難之境。如同每個人一樣，我感受到社會的壓力，還有我的生理時鐘說：「趕快做決定……你的時間不多了。」可是我的內心又有如同耳語般安靜的聲音在安慰我說：「別擔心，一切都會很好的。」在這種敏感又重要的情況下，我求教於盧恩符文。

二〇一八年，我為生孩子的事做了一次符文拋，得出的結果如下圖所示：

我直覺地認為有四個群組或階段。故事由左上方開始，然後沿著順時鐘的方向下來：

- 過去：臣服、靜止、突破
- 現在：信號、擾亂、喜悅、完整
- 要求：夥伴
- 結局：旅程、收穫

過去是臣服、靜止和突破。這與我過去關於生孩子的事有什麼關聯呢？結婚後的頭幾年，好的時候很好，糟的時候很糟。我走進混合型的家庭，成為三個孩子的繼母，他們分別是十歲、十四歲和十六歲。由於我是在一個有母親、父親、繼母和繼姊妹的和諧家庭中長大，因此我相信我的新家人也會接受我，並且我至少想生兩個自己的小孩。其實我在繼母的角色上有調適的困難，使我在懷孕方面的努力延宕了下來。四年後衡量了各種因素，我選擇做試管嬰兒，因為我認為這是成為人母最快的方法。

儘管試管做得很成功，但八週後我就流產了。繼子們並不知道我懷孕的事，因此保守這個祕密讓我的失落之痛更加劇烈。直到我親身經歷了這件事，我才曉得有多少女性遭受這種流產的痛苦，而這需要好幾年的時間才能療癒。

防禦（臣服）和僵化（靜止）正是我當時的感受。這件事中斷了我與丈夫的連結。我深感憤恨，因為他已經有生兒育女的經驗，並且每天都能感受到子女們的愛，而我卻覺得自己像是闖入者，在家裡幾乎是個陌生人。夾在繼子們的青春期和我的失落的考驗之間，我說服了自己，我不適合當母親。

就在那個時候，我辭去工作，並開始我的第一個事業，而這個事業就好比是我生的孩子一樣。當時我以為這就是被揭示的眞相（突破），但事實是，那個突破在幾年之後才會出現，並且需要極大的勇氣和信心躍入那偉大的未知中，才能獲得我所迫切需要的洞察力。

現在是信號、擾亂、喜悅和完整。如今，我住在距離丈夫家四十公里遠的小「創造屋」裡。我和我養的流浪貓狗在這裡住了一年半後，已經能夠進入我的創造之流。除了寫作之外，我還帶領兩家成功的公司。我的直覺（信號）達到顛峰的狀態。而我與盧恩符文的連結，以及它們爲我開啓的能量管道，使我凡事都能獲得指引。

邁出腳步掙脫出來，並且自己一個人生活，徹底顛覆了我的人生（擾亂）。然而，透過一連串的盧恩符文諮商和靈魂功課，我知道自己必須改變環境來了解自己、療傷和成長。我可以繼續深陷在自己的故事裡，感覺自己好像是個隱形人、一個失去孩子又沒人了解的多餘繼母；或者，我可以踏出推進的腳步。我知道，我需要時間和空間來療癒這些傷口。

隨著時間過去，療癒出現了。我重新認識了自己，並且發現我多麼喜歡自己的樣子。在星期五的晚上跟自己在一起是很有趣的事。我養成每天靜心和寫作的習慣（其中有許多天是凌晨四點就開始了），感覺我的靈魂在心中歌唱（喜悅）。我就是在這量子跳躍中，出現了寫這本書的想法。現在，我感覺自己前所未有的完整和圓滿（完整）。我在許多方面都比以往更加快樂。

我的丈夫不再是我婚姻的伴侶，我們之間的連結已經深化爲靈性的關係。我們共同擁有並且一起經營我的公司。此外，我與他的孩子的關係也成爲我所重視和感恩的事物。他們已經成爲非常棒的人；我喜歡看著他們展開雙翼，體驗這個世界。

除此之外，我與我的指引者的連結也達到前所未有的強度。最重要的是，我全然地愛自己、尊重自己。雖然我還是一個喜歡給予、充滿愛又慷慨的人，可是我知道在照顧別人之前，我得先照顧好自己的需要。有時候我多麼希望自己能帶著現在已有的工具，回到我人生中那段艱難的日子——它們原本可以更輕鬆地度過的。然而，靈魂的旅程只知道一條道路，那就是從當下這一刻開始。

那麼，關於生孩子這件事，我需要的是什麼?用盧恩符文的話來說，就是夥伴。這件事無法靠我自己一個人做到，但我也無法以失去自我和身分的方式來做這件事，就如同我在戀愛中所習慣做的那樣。我可以是人生過得很精采的母親，而不是讓自己的生命停滯不前。這不是一個只能二選一的決定，雖然今日社會的許多人都認爲我們女人必須在職業和母親之間做選擇。現在已經不是如此；再也不是這樣了。對於當代有進取心的人來說，已經不是如此了。我們現在可以全部擁有!

這一切的最後結果是什麼?盧恩符文讓我知道，就像你一樣，我在自己的人生旅途上（旅程）生活和學習人生功課。我一直採取所有必要的步驟，並付出讓回報（收穫）到來的努力。儘管我可能還無法看見我的靈性和情感的努力的具體成果，但是我相信，獎賞終會到來。

這個收穫最後會讓我眞正懷孕並生下小孩嗎?我眞的不知道。不過我完全心平氣和。因爲我知道，一切都是它現在該有的樣子，未來也是以它該有的樣子展現。我感覺完全的信任。我知道沒有什麼好擔心的，也沒有什麼應該採取的意外行動；不論該來的是什麼，我只是全然接受這一切的到來。我不斷處於喜悅和完整的狀態，一切都感覺神聖。

8 符文拋的架構

如果你覺得把盧恩符文拋在空白板上，並按照直覺將它們分組實在太抽象了，那麼你可能會喜歡用某種架構。有時候在做符文拋時，我會想像自己看著一個時鐘，並按照時間的順序來看那些階段：首先，我會解讀處於七點到十點位置的階段，它代表那些反覆出現的終身主題；接著，我會解讀十點到十二點的位置，它代表前一年的概述；然後，我會解讀十二點到兩點的位置，它代表現在的生活；接著是兩點到五點的位置，它代表接下來的三個月到半年；最後是五點到七點的位置，它代表未來的一年。萬一有符文落在中間的位置，我則將它視爲人生功課的領域（參見左圖）。

這個架構非常直接，因爲它提供你應用每個符文的意義，並將它關聯到你人生某個時期的兩個維度。

做個實驗，看看什麼感覺最對味。倘若你使用的是本書附贈的卡牌，那麼請試著將它們正面朝下，排成四列六欄。把手放在每張卡牌上方，然後翻開那些吸引你的卡牌。某些卡牌可能會令你感覺溫暖或刺刺麻麻的。運用你的直覺，享受其中的樂趣！

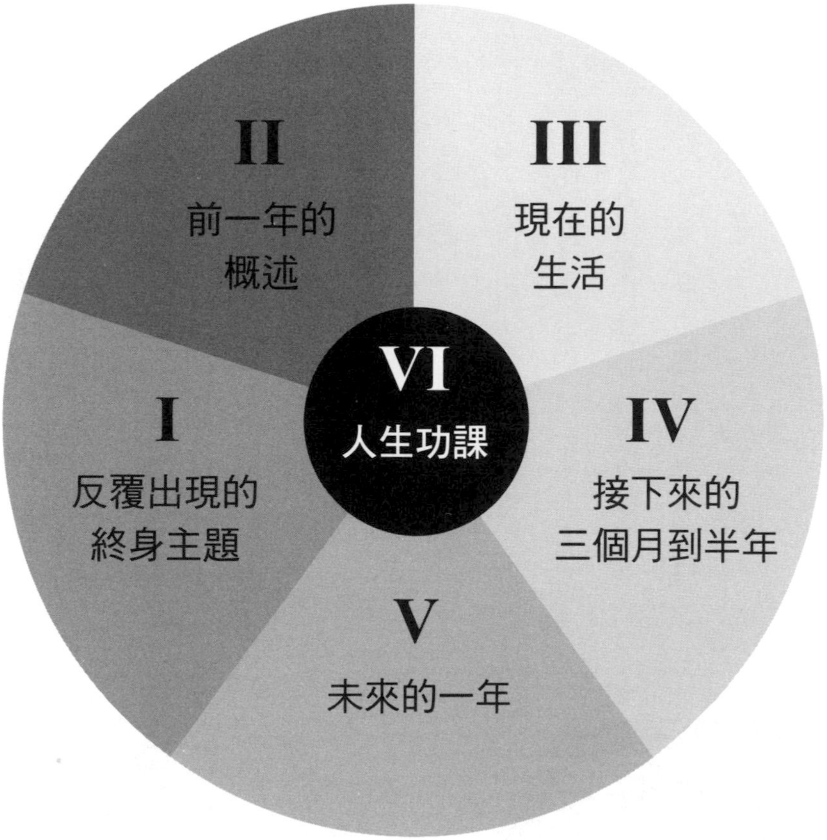
II
前一年的
概述
III
現在的
生活
VI
人生功課
I
反覆出現的
終身主題
IV
接下來的
三個月到半年
V
未來的一年

時序之輪

盧恩符文的創新

盧恩符文的解讀不必侷限在古斯堪地那維亞的方法。由於我經常用盧恩符文作爲一種讓自我學習更加有趣的教導工具，我喜歡用除了符文石和木製籌碼之外的新解讀法來做實驗。以下是我最新的一些方法。

「芙蕾雅」啓發卡

我創造一套由二十四張卡牌組成的啓發卡，作爲送給親朋好友的禮物。每一張卡牌都總結了某個盧恩符文相關的簡短訊息。不同於抽符文籤，你可以將這些六角形的卡片洗牌一下，然後抽出一張卡片作爲當日的啓發。每天早上，我會洗著卡牌並問：「今天我需要什麼訊息？」然後我會抽出一張牌，並將它大聲念出來。我會把卡片擺在壁爐架上，以便提醒我當天應該專注在什麼上面。

我發現這些卡片對於那些還沒每天使用符文、但想要有一個快速方法的人很有吸引力。

旅 程
萊多
我們都是來人間學習人生的功課。
萊多出現時，是要提醒我們：
別太嚴厲評判自己，
也不要評判他人獨特的人生處境。
我們越是能乘駕人生的波浪，
並了解逆境終會過去，
我們的人生旅程就會越輕鬆。

盧恩方塊

好玩的東西來了！某個下雨的週日，觸覺型的我還是抗拒不了本地的手工藝品店，買了事先切割好的木頭方塊和一個十五美元的燒烙工具，用來製作四個盧恩方塊的套組。事實上，它們就是盧恩符文骰子。

燒木頭的味道使我想起五歲時爺爺的木工房。你可知道味道最能觸發人的回憶嗎？我發現燒木頭和木屑的味道特別能使人的心安定下來。

由於一個木塊有六個面，因此我喜歡把每個木塊各刻上兩個代表提爾群組、海姆達爾群組和芙蕾雅群組的符文，分別如下所示：

	提爾群組	海姆達爾群組	芙蕾雅群組
木塊一	ᛏ ᛚ	ᚺ ᛇ	ᚠ ᚱ
木塊二	ᛒ ᛟ	ᚾ ᛈ	ᚢ ᚲ
木塊三	ᛖ ᛜ	ᛁ ᛉ	ᚦ ᚷ
木塊四	ᛗ ᛞ	ᛃ ᛊ	ᚨ ᚹ

盧恩方塊的用法是，把它們放在手中，接著詢問諸如「什麼智慧能適用於這個狀況？」之類的問題。

以下是我向盧恩方塊詢問的一個例子：

「關於這本書和我的整個盧恩符文平台，我能分享什麼樣的智慧？」

我擲出的四個方塊如下所示：

你可能會發現，我這次選擇由左至右來解讀它們，因爲我覺得應該這樣解讀。要記住，盧恩符文唯一眞正的規則就是你自創的規則。創造你自己的儀式是最好玩的！

以下是盧恩符文告訴我的內容：我帶著某種包袱，以致我的腳步慢了下來，並造成前方道路不必要的困難。我必須覺察自己該放下什麼才能讓眼前的道路更好走。由於害怕放下包袱會引發擾亂，因此我緊抓著包袱或額外的責任不肯放手。但事實上，放下包袱所引發的暫時性擾亂，會讓更好的事物在新創造的空間中成長。了解這一點是很重要的。

一旦我能夠克服這個恐懼，豐盛便會以愛和從各種限制中解

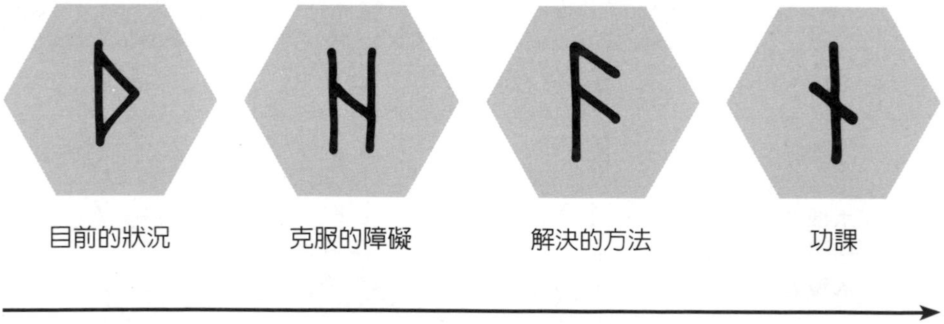

放的形式滿溢出來。我在這一切中所要學習的功課是：在反應之前要先弄清楚我想要的結果。以這個例子來說，如果我最終的目標是長時間待在我的「創造屋」裡，並利用眾多的閒暇來寫更多的書，那麼我就必須願意在我經營的兩家或一家公司中退後一步。也就是說，讓新的領導人來取代我的位置，並交出我目前手上這兩家公司的大部分控制權。

我的直覺反應是：眞嚇人！但我知道這是我必須聆聽的訊息。我知道，我處於接收我所想要的一切的險境中；我所要做的是，弄清楚並專注在我最想要的東西上，然後別自己從中作梗（還有擺脫頭腦的思考），好讓這一切能迅速流進來。

有時恐懼會妨礙我們了解和確定我們到底想要什麼。我們可能會擔心自己永遠得不到，或者會害怕得到之後所引發的生活變化。此外，我們可能會過於想要未來的確定性，導致因爲害怕未知而變得痲痺。我們越能自在地讓生命以自然的步調展現，我們就會越快樂。你很快就會知道，當你把盧恩符文組合起來，你就會看清你的眞相。

第二部

三十天的練習

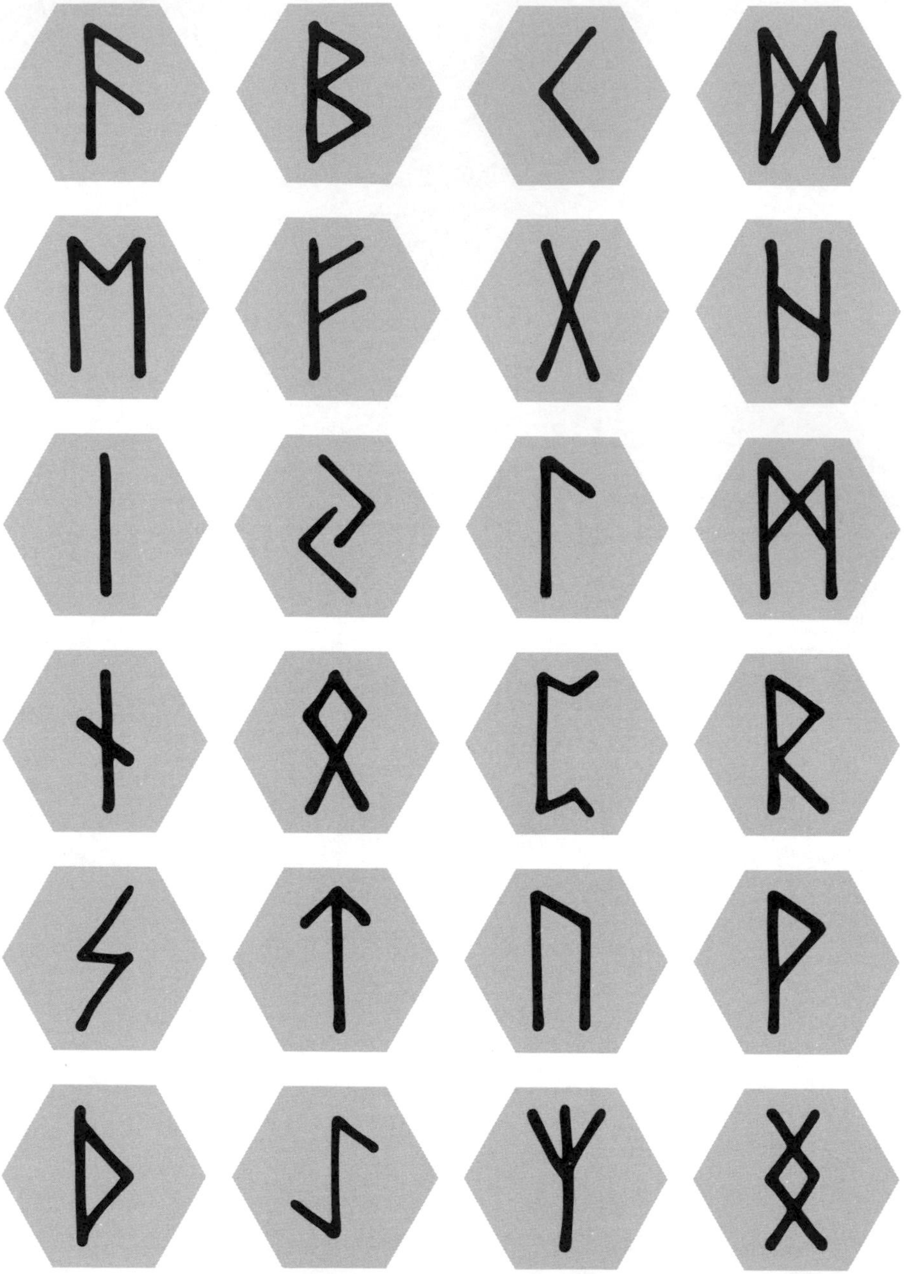

現在，讓我們一起展開三十天的旅程，每天練習解讀盧恩符文，更進一步認識你自己。

接下來三十天，你每天都有抽一個或多個盧恩符文的作業，並配合日誌的書寫。這三十天的旅程分成以下五個階段：

第1～7日：養成每天練習的習慣

第一週，每天早上抽一個盧恩符文，並把它的意義和你在生活中的應用記錄下來。此外，你也會用盧恩符文來回答「是」或「否」的問題，並將結果寫在日誌上。

第8～14日：了解狀況

第二週，繼續每天抽一個盧恩符文，同時也做三符文的解讀來分析你過去和現在的生活狀況。

第15～21日：了解他人

第三週，繼續每天抽一個盧恩符文，同時加入人際關係的解讀來洞察你人生中的重要關係。

第22～28日：顯化結果

第四週，繼續每天抽一個盧恩符文，並根據你生活中所需要的能量來選擇盧恩符文，同時記錄其結果。

第29～30日：旅程的反思

最後的兩天，你將思考哪一種盧恩符文的解讀方式最深得你心。你將重新瀏覽你到目前爲止所寫的日誌，以便思考你在這三十天中對自己了解了什麼。請務必給自己至少兩小時的時間來重新瀏覽你的紀錄，並留意這四週以來你自己出現了什麼變化。

每天使用盧恩符文並記錄你的體驗，最終目的是要訓練你的身、心、靈能夠一致。這些練習能強化你了解更多關於情境、他人和你自己的本能。我將這種能力稱爲直覺，但你可以隨你自己的意思來思考它。

至於這個練習的記錄，請隨意使用本書第三部分中每個符文所對應的「停下來反思」的問題。這些問題是要在你面對空白的紙卻寫不出東西時，推你一把的。如果你比較喜歡沒有提示的開放式記錄，那也可以。總之，你感覺怎樣對，就怎樣做。

在這三十天的尾聲，你會發展出你個人如何使用盧恩符文，以及何時解讀它們的偏好。在此過程中，你會知道在需要指引時與你的高我直接連結的方法。

在使用盧恩符文的某些時候，你會發現，就像我一樣，你根本不需要實體的盧恩符文或是我所寫的那些現代意義。你可能會發現，當你閉上眼睛，你就會開始看見盧恩符文。因此，你要儘量記住每個符文的代表意義。

所以如果你問：「我今天需要覺察什麼？」而你看見了代表旅程的 ᚱ（萊多），那麼你可以接著問：「今天，旅程對我有什麼重要性？」然後注意你第一個出現的念頭。即時出現的印象總是正確的。如果你的第一個聯想是你的事業，那麼你就問自己：「旅程跟我的事業有什麼關聯？」同樣的，看看你出現了什麼。我喜歡把自己的直覺印象寫下來。因爲這些印象就像夢一樣短暫迅速，很容易就忘記了，畢竟它們並不是來自於我們理性的頭腦。

如果三十天後你還是需要實體的盧恩符文及其現代意義，那也不必苦惱。只要按照自己的步調，你想使用實體符文和現代意義多久都可以。把盧恩符文和這本書想成是小孩學騎腳踏車的輔助輪，它們會教導你如何每天全天候地與你眞正的自己連結。當你與眞正的自己直接連結了，它一輩子都會跟你在一起。

圖：George Peters Designs

在開始旅程之前

在展開這三十天的旅程之前，請先回答以下問題。

你希望在接下來的三十天中學習到什麼？

是什麼吸引你用盧恩符文作爲自我發現的工具？

你願意每天花十五至三十分鐘來全然體驗盧恩符文嗎？在每一天的哪個時候？哪個地點？

三十天的概要

接下來的三十天，把你每天解讀的盧恩符文記錄在下頁的表格中。記錄內容包括符文的符號、其代表意義和對應的英文字母，並注意是否有符文重複出現。

星期日	星期一	星期二	星期三	星期四	星期五	星期六

這一個月來，有哪些盧恩符文重複出現？

這些重複出現的符文對你有什麼特別的意義？

它們對應的英文字母是否可以拼出字來？

你另外還發現了什麼？

9 第1～7日：養成每天練習的習慣

第一日：今日焦點

問自己：「我今天需要專注於什麼？」然後抽一個符文。

符號：＿＿＿＿＿ 代表意義：＿＿＿＿＿＿＿＿ 對應字母：＿＿＿＿

這個符文與你今天生活中發生的事有多大的關聯？

第一日：「是」或「否」

你今天有什麼「是」或「否」的問題？

抽一個盧恩符文，並記錄你得到的答案是「是」（符文正面朝上），還是「否」（符文正面朝下）。

❑是　　❑否

這個問題爲什麼對你來說很重要？

驗證

發生了什麼事？盧恩符文的指引是否正確或有幫助？

第二日：今日焦點

問自己：「我今天需要專注於什麼？」然後抽一個符文。

符號：＿＿＿＿　代表意義：＿＿＿＿＿＿＿　對應字母：＿＿＿＿

這個符文與你今天生活中發生的事有多大的關聯？

第二日：「是」或「否」

你今天有什麼「是」或「否」的問題？

抽一個盧恩符文，並記錄你得到的答案是「是」（符文正面朝上），還是「否」（符文正面朝下）。

❑是　❑否

這個問題為什麼對你來說很重要？

驗證

發生了什麼事？盧恩符文的指引是否正確或有幫助？

第三日：今日焦點

問自己：「我今天需要專注於什麼？」然後抽一個符文。

符號：＿＿＿＿ 代表意義：＿＿＿＿ 對應字母：＿＿＿＿

這個符文與你今天生活中發生的事有多大的關聯？

第三日：「是」或「否」

你今天有什麼「是」或「否」的問題？

抽一個盧恩符文，並記錄你得到的答案是「是」（符文正面朝上），還是「否」（符文正面朝下）。

❑是　❑否

這個問題爲什麼對你來說很重要？

驗證

發生了什麼事？盧恩符文的指引是否正確或有幫助？

第四日：今日焦點

問自己：「我今天需要專注於什麼？」然後抽一個符文。

符號：＿＿＿＿ 代表意義：＿＿＿＿ 對應字母：＿＿＿＿

這個符文與你今天生活中發生的事有多大的關聯？

第四日：「是」或「否」

你今天有什麼「是」或「否」的問題？

抽一個盧恩符文，並記錄你得到的答案是「是」（符文正面朝上），還是「否」（符文正面朝下）。

❑是　❑否

這個問題爲什麼對你來說很重要？

驗證

發生了什麼事？盧恩符文的指引是否正確或有幫助？

第五日：今日焦點

問自己：「我今天需要專注於什麼？」然後抽一個符文。

符號：＿＿＿＿　代表意義：＿＿＿＿　對應字母：＿＿＿＿

這個符文與你今天生活中發生的事有多大的關聯？

第五日：「是」或「否」

你今天有什麼「是」或「否」的問題？

抽一個盧恩符文，並記錄你得到的答案是「是」（符文正面朝上），還是「否」（符文正面朝下）。

❑是　❑否

這個問題爲什麼對你來說很重要？

驗證

發生了什麼事？盧恩符文的指引是否正確或有幫助？

第六日：今日焦點

問自己：「我今天需要專注於什麼？」然後抽一個符文。

符號：＿＿＿＿ 代表意義：＿＿＿＿ 對應字母：＿＿＿＿

這個符文與你今天生活中發生的事有多大的關聯？

第六日：「是」或「否」

你今天有什麼「是」或「否」的問題？

抽一個盧恩符文，並記錄你得到的答案是「是」（符文正面朝上），還是「否」（符文正面朝下）。

❑是　❑否

這個問題爲什麼對你來說很重要？

驗證

發生了什麼事？盧恩符文的指引是否正確或有幫助？

第七日：今日焦點

問自己：「我今天需要專注於什麼？」然後抽一個符文。

符號：＿＿＿＿ 代表意義：＿＿＿＿＿＿ 對應字母：＿＿＿＿

這個符文與你今天生活中發生的事有多大的關聯？

第七日：「是」或「否」

你今天有什麼「是」或「否」的問題？

抽一個盧恩符文，並記錄你得到的答案是「是」（符文正面朝上），還是「否」（符文正面朝下）。

❑是　❑否

這個問題爲什麼對你來說很重要？

驗證

發生了什麼事？盧恩符文的指引是否正確或有幫助？

10 第8～14日：了解狀況

第八日：今日焦點

問自己：「我今天需要專注於什麼？」然後抽一個符文。

符號：＿＿＿＿ 代表意義：＿＿＿＿＿＿ 對應字母：＿＿＿＿

這個符文與你今天生活中發生的事有多大的關聯？

第八日：了解狀況

想一想目前生活中某個需要釐清的狀況。

這個狀況是：

把盧恩符文拿在手中，心裡想著這個狀況，然後抽出三個符文，並將每個符文由右至左記錄下來。請務必將每個符文的代表意義也寫在下面的六邊形框框裡。

根據你抽出的盧恩符文，你對這個狀況有什麼樣的洞見？

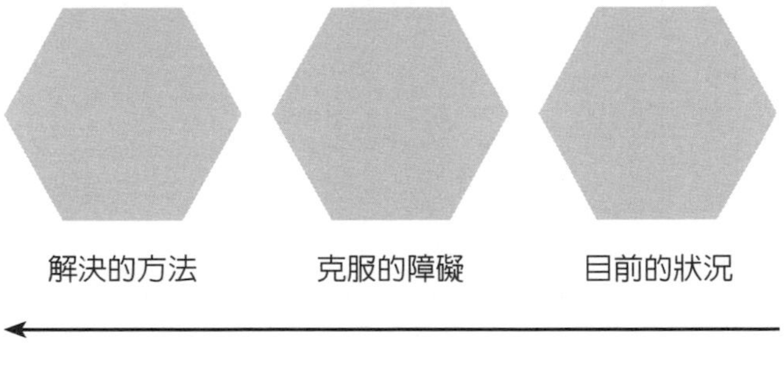

第九日：今日焦點

問自己：「我今天需要專注於什麼？」然後抽一個符文。

符號：＿＿＿＿　代表意義：＿＿＿＿＿＿＿＿＿＿　對應字母：＿＿＿＿

這個符文與你今天生活中發生的事有多大的關聯？

第九日：了解狀況

想一想目前生活中某個需要釐清的狀況。

這個狀況是：

把盧恩符文拿在手中，心裡想著這個狀況，然後抽出三個符文，並將每個符文由右至左記錄下來。請務必將每個符文的代表意義也寫在下面的六邊形框框裡。

根據你抽出的盧恩符文，你對這個狀況有什麼樣的洞見？

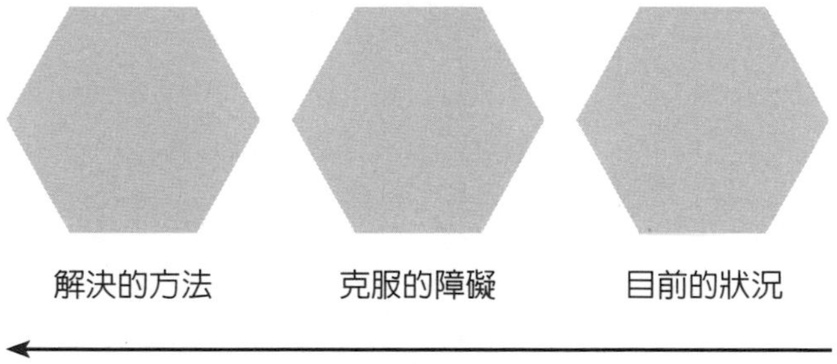

第十日：今日焦點

問自己：「我今天需要專注於什麼？」然後抽一個符文。

符號：________ 代表意義：________ 對應字母：________

這個符文與你今天生活中發生的事有多大的關聯？

第十日：了解狀況

想一想目前生活中某個需要釐清的狀況。

這個狀況是：

把盧恩符文拿在手中，心裡想著這個狀況，然後抽出三個符文，並將每個符文由右至左記錄下來。請務必將每個符文的代表意義也寫在下面的六邊形框框裡。

根據你抽出的盧恩符文，你對這個狀況有什麼樣的洞見？

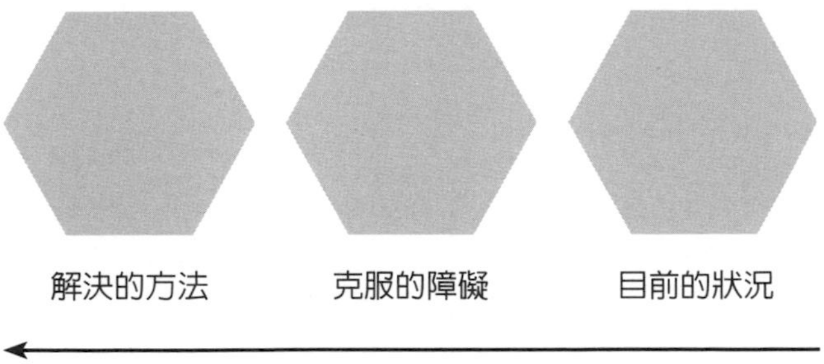

第十一日：今日焦點

問自己：「我今天需要專注於什麼？」然後抽一個符文。

符號：＿＿＿＿ 代表意義：＿＿＿＿ 對應字母：＿＿＿＿

這個符文與你今天生活中發生的事有多大的關聯？

第十一日：了解狀況

想一想目前生活中某個需要釐清的狀況。

這個狀況是：

把盧恩符文拿在手中，心裡想著這個狀況，然後抽出三個符文，並將每個符文由右至左記錄下來。請務必將每個符文的代表意義也寫在下面的六邊形框框裡。

根據你抽出的盧恩符文，你對這個狀況有什麼樣的洞見？

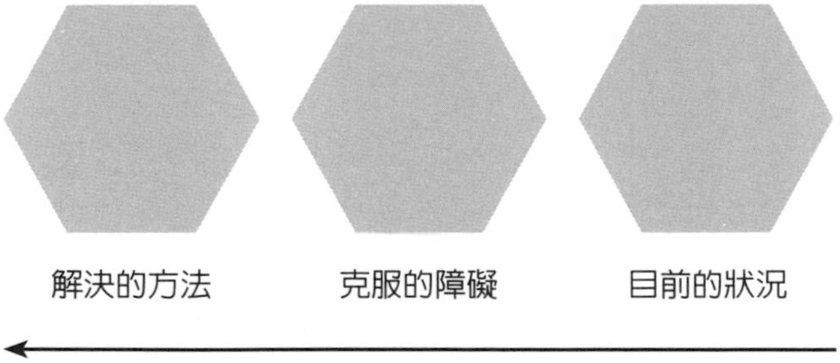

第十二日：今日焦點

問自己：「我今天需要專注於什麼？」然後抽一個符文。

符號：＿＿＿＿ 代表意義：＿＿＿＿ 對應字母：＿＿＿＿

這個符文與你今天生活中發生的事有多大的關聯？

第十二日：了解狀況

想一想目前生活中某個需要釐清的狀況。

這個狀況是：

把盧恩符文拿在手中，心裡想著這個狀況，然後抽出三個符文，並將每個符文由右至左記錄下來。請務必將每個符文的代表意義也寫在下面的六邊形框框裡。

根據你抽出的盧恩符文，你對這個狀況有什麼樣的洞見？

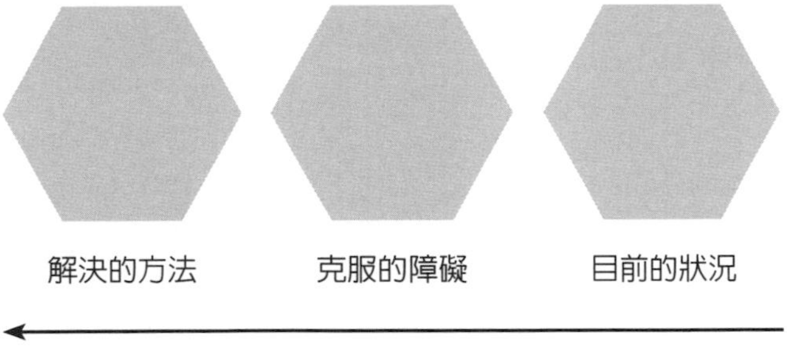

第十三日：今日焦點

問自己：「我今天需要專注於什麼？」然後抽一個符文。

符號：＿＿＿＿ 代表意義：＿＿＿＿ 對應字母：＿＿＿＿

這個符文與你今天生活中發生的事有多大的關聯？

第十三日：了解狀況

想一想目前生活中某個需要釐清的狀況。

這個狀況是：

把盧恩符文拿在手中，心裡想著這個狀況，然後抽出三個符文，並將每個符文由右至左記錄下來。請務必將每個符文的代表意義也寫在下面的六邊形框框裡。

根據你抽出的盧恩符文，你對這個狀況有什麼樣的洞見？

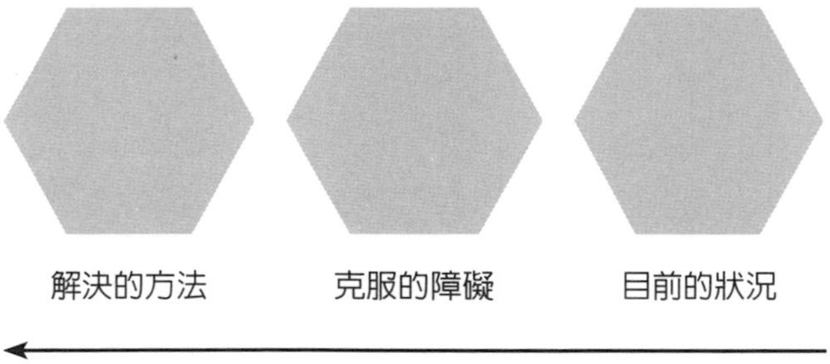

第十四日：今日焦點

問自己：「我今天需要專注於什麼？」然後抽一個符文。

符號：＿＿＿＿ 代表意義：＿＿＿＿＿＿ 對應字母：＿＿＿＿

這個符文與你今天生活中發生的事有多大的關聯？

第十四日：了解狀況

想一想目前生活中某個需要釐清的狀況。

這個狀況是：

把盧恩符文拿在手中，心裡想著這個狀況，然後抽出三個符文，並將每個符文由右至左記錄下來。請務必將每個符文的代表意義也寫在下面的六邊形框框裡。

根據你抽出的盧恩符文，你對這個狀況有什麼樣的洞見？

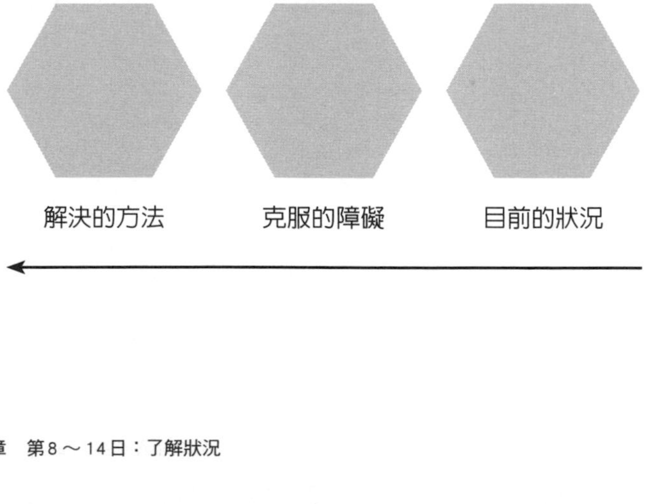

11

第15～21日：了解他人

第十五日：今日焦點

問自己：「我今天需要專注於什麼？」然後抽一個符文。

符號：＿＿＿＿ 代表意義：＿＿＿＿＿＿＿ 對應字母：＿＿＿＿

這個符文與你今天生活中發生的事有多大的關聯？

第十五日：了解他人

想一想你人生中某一位現在對你很重要，或過去一直以來對你很重要的人。

這個人的名字是：

把符文袋拿在手中，觀想這個人站在你的面前。

接著請求盧恩符文指示，爲什麼這個人在你的生命中占有重要的地位。然後抽出六個符文，並依序將它們記錄在下面的六邊形框框裡。

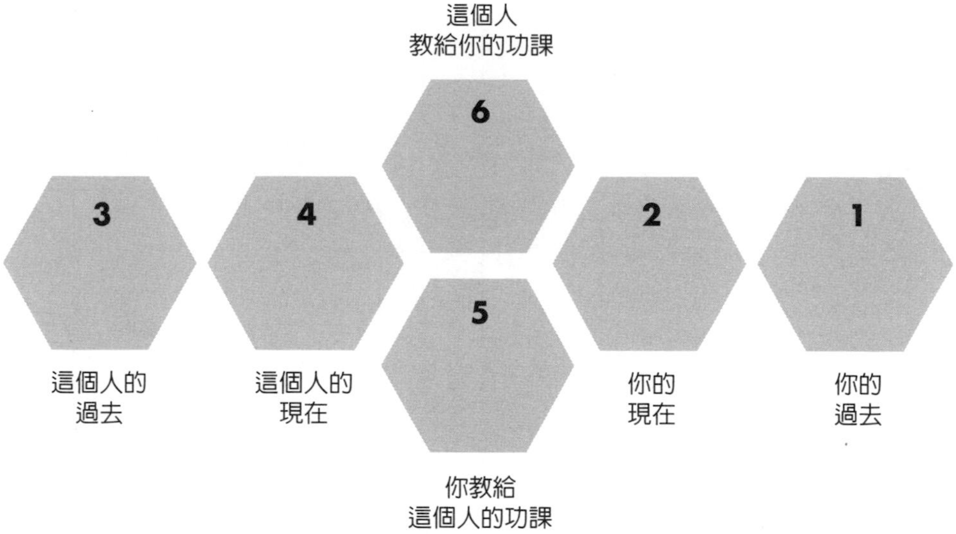

你對這個盧恩符文陣的第一印象是什麼？它帶給你什麼樣的感覺？

關於你自己，盧恩符文告訴了你什麼？

關於這個人，盧恩符文告訴了你什麼？

你教給這個人的功課是什麼？

這個人教給你的功課是什麼？

你還有哪些想法和感受？

第十六日：今日焦點

問自己：「我今天需要專注於什麼？」然後抽一個符文。

符號：＿＿＿＿ 代表意義：＿＿＿＿＿＿＿＿ 對應字母：＿＿＿＿

這個符文與你今天生活中發生的事有多大的關聯？

第十六日：了解他人

想一想你人生中某一位現在對你很重要，或過去一直以來對你很重要的人。

這個人的名字是：

把符文袋拿在手中，觀想這個人站在你的面前。

接著請求盧恩符文指示，爲什麼這個人在你的生命中占有重要的地位。然後抽出六個符文，並依序將它們記錄在下面的六邊形框框裡。

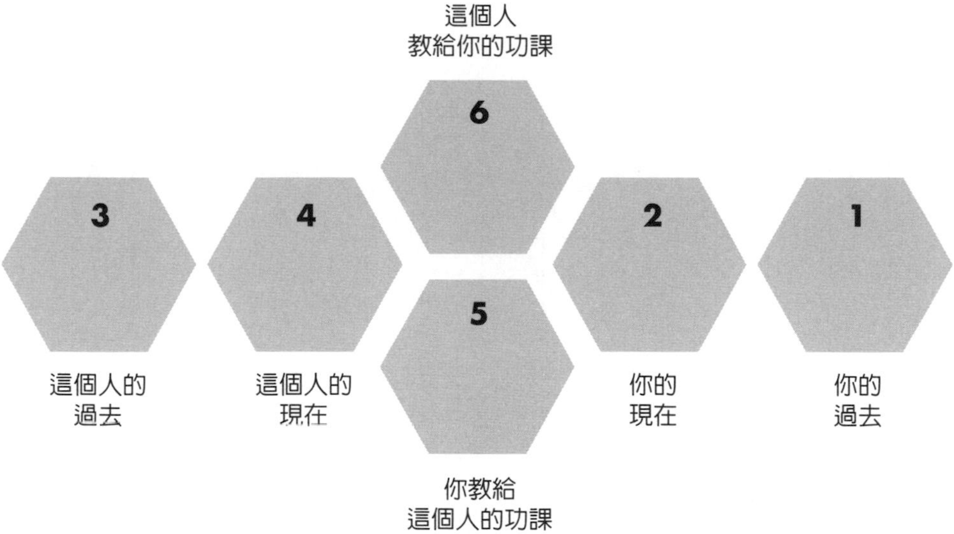

你對這個盧恩符文陣的第一印象是什麼？它帶給你什麼樣的感覺？

關於你自己，盧恩符文告訴了你什麼？

關於這個人，盧恩符文告訴了你什麼？

你教給這個人的功課是什麼？

這個人教給你的功課是什麼？

你還有哪些想法和感受？

第十七日：今日焦點

問自己：「我今天需要專注於什麼？」然後抽一個符文。

符號：＿＿＿＿ 代表意義：＿＿＿＿＿＿＿＿ 對應字母：＿＿＿＿

這個符文與你今天生活中發生的事有多大的關聯？

第十七日：了解他人

想一想你人生中某一位現在對你很重要，或過去一直以來對你很重要的人。

這個人的名字是：

把符文袋拿在手中，觀想這個人站在你的面前。

接著請求盧恩符文指示，爲什麼這個人在你的生命中占有重要的地位。然後抽出六個符文，並依序將它們記錄在下面的六邊形框框裡。

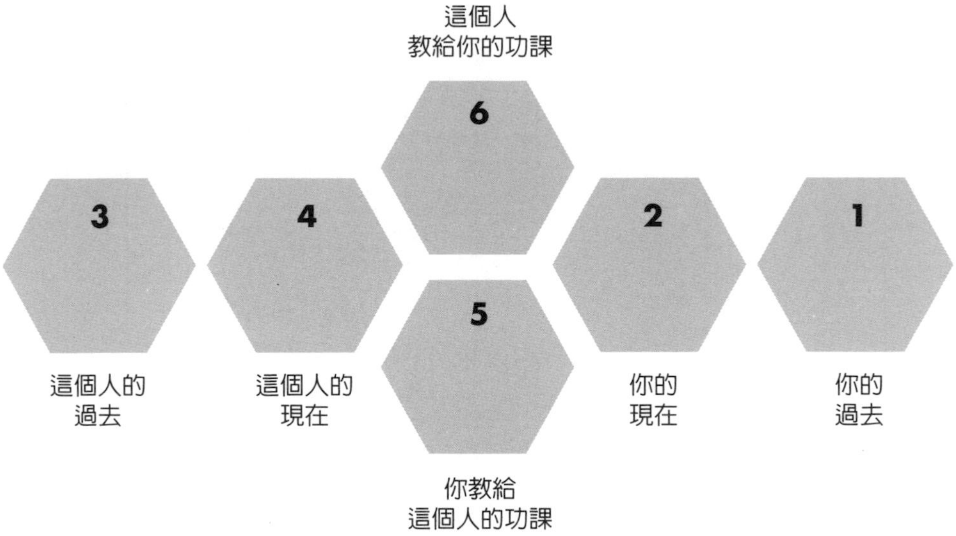

你對這個盧恩符文陣的第一印象是什麼？它帶給你什麼樣的感覺？

關於你自己，盧恩符文告訴了你什麼？

關於這個人，盧恩符文告訴了你什麼？

你教給這個人的功課是什麼？

這個人教給你的功課是什麼？

你還有哪些想法和感受？

第十八日：今日焦點

問自己：「我今天需要專注於什麼？」然後抽一個符文。

符號：＿＿＿＿ 代表意義：＿＿＿＿ 對應字母：＿＿＿＿

這個符文與你今天生活中發生的事有多大的關聯？

第十八日：了解他人

想一想你人生中某一位現在對你很重要，或過去一直以來對你很重要的人。

這個人的名字是：

把符文袋拿在手中，觀想這個人站在你的面前。接著請求盧恩符文指示，爲什麼這個人在你的生命中占有重要的地位。然後抽出六個符文，並依序將它們記錄在下面的六邊形框框裡。

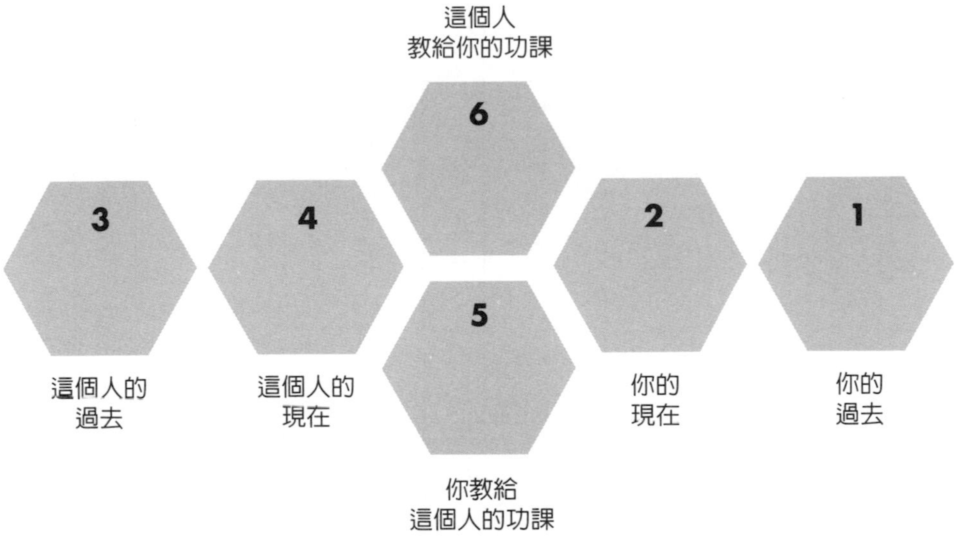

你對這個盧恩符文陣的第一印象是什麼？它帶給你什麼樣的感覺？

關於你自己，盧恩符文告訴了你什麼？

關於這個人，盧恩符文告訴了你什麼？

你教給這個人的功課是什麼？

這個人教給你的功課是什麼？

你還有哪些想法和感受？

第十九日：今日焦點

問自己：「我今天需要專注於什麼？」然後抽一個符文。

符號：＿＿＿＿ 代表意義：＿＿＿＿ 對應字母：＿＿＿＿

這個符文與你今天生活中發生的事有多大的關聯？

第十九日：了解他人

想一想你人生中某一位現在對你很重要，或過去一直以來對你很重要的人。

這個人的名字是：

把符文袋拿在手中，觀想這個人站在你的面前。

接著請求盧恩符文指示，爲什麼這個人在你的生命中占有重要的地位。然後抽出六個符文，並依序將它們記錄在下面的六邊形框框裡。

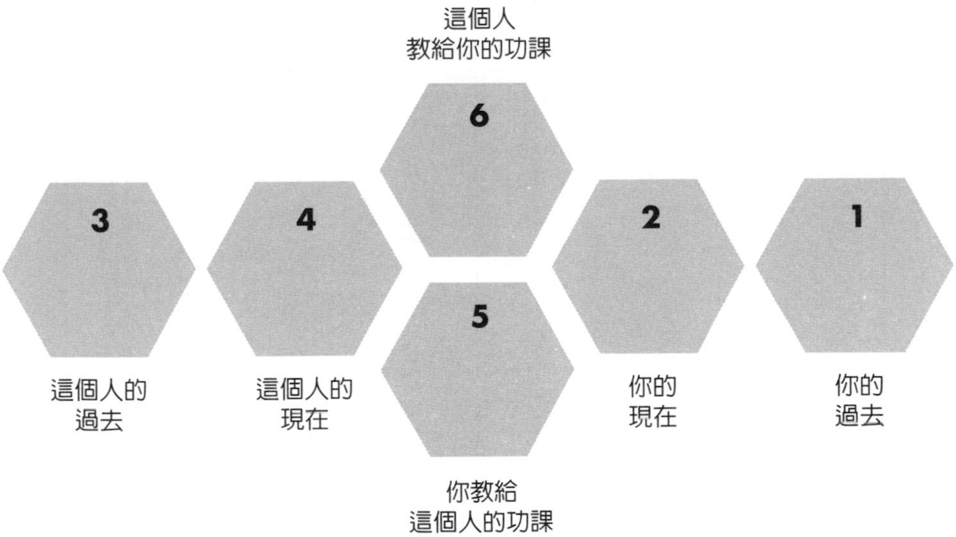

你對這個盧恩符文陣的第一印象是什麼？它帶給你什麼樣的感覺？

關於你自己，盧恩符文告訴了你什麼？

關於這個人，盧恩符文告訴了你什麼？

你教給這個人的功課是什麼？

這個人教給你的功課是什麼？

你還有哪些想法和感受？

第二十日：今日焦點

問自己：「我今天需要專注於什麼？」然後抽一個符文。

符號：＿＿＿＿　代表意義：＿＿＿＿＿＿＿　對應字母：＿＿＿＿

這個符文與你今天生活中發生的事有多大的關聯？

第二十日：了解他人

想一想你人生中某一位現在對你很重要，或過去一直以來對你很重要的人。

這個人的名字是：

把符文袋拿在手中，觀想這個人站在你的面前。

接著請求盧恩符文指示，爲什麼這個人在你的生命中占有重要的地位。然後抽出六個符文，並依序將它們記錄在下面的六邊形框框裡。

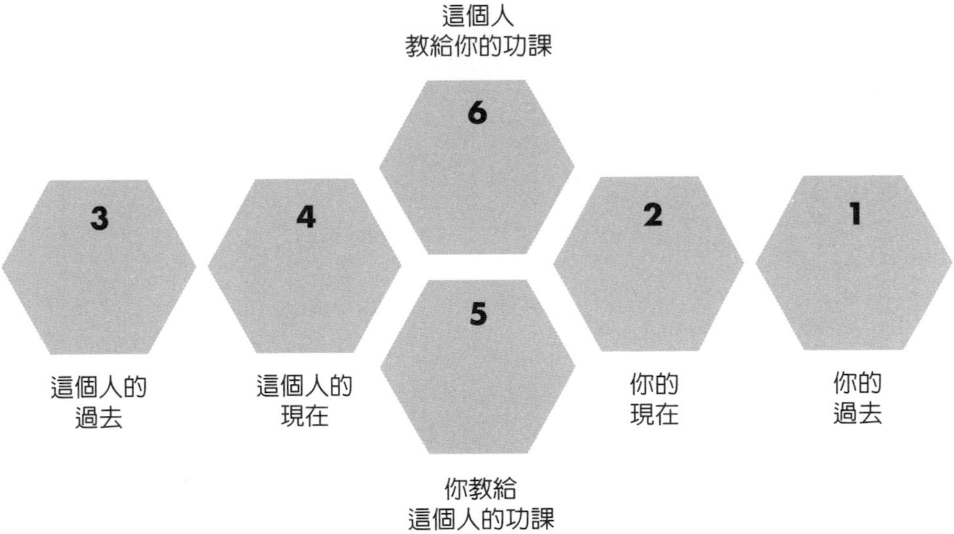

你對這個盧恩符文陣的第一印象是什麼？它帶給你什麼樣的感覺？

關於你自己，盧恩符文告訴了你什麼？

關於這個人，盧恩符文告訴了你什麼？

你教給這個人的功課是什麼？

這個人教給你的功課是什麼？

你還有哪些想法和感受？

第二十一日：今日焦點

問自己：「我今天需要專注於什麼？」然後抽一個符文。

符號：＿＿＿＿ 代表意義：＿＿＿＿ 對應字母：＿＿＿＿

這個符文與你今天生活中發生的事有多大的關聯？

第二十一日：了解他人

想一想你人生中某一位現在對你很重要，或過去一直以來對你很重要的人。

這個人的名字是：

把符文袋拿在手中，觀想這個人站在你的面前。接著請求盧恩符文指示，爲什麼這個人在你的生命中占有重要的地位。然後抽出六個符文，並依序將它們記錄在下面的六邊形框框裡。

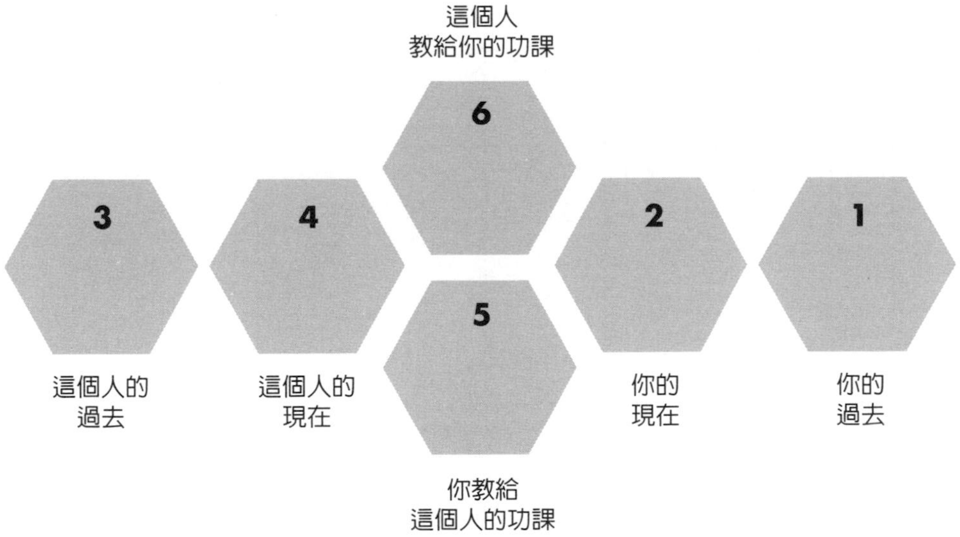

你對這個盧恩符文陣的第一印象是什麼？它帶給你什麼樣的感覺？

關於你自己，盧恩符文告訴了你什麼？

關於這個人，盧恩符文告訴了你什麼？

你教給這個人的功課是什麼？

這個人教給你的功課是什麼？

你還有哪些想法和感受？

12

第22～28日：顯化結果

第二十二日：今日焦點

問自己：「我今天需要專注於什麼？」然後抽一個符文。

符號：＿＿＿＿ 代表意義：＿＿＿＿＿＿＿＿ 對應字母：＿＿＿＿

這個符文與你今天生活中發生的事有多大的關聯？

第二十二日：顯化結果

你今天發生了什麼事？

你想要顯化什麼樣的結果？

二十四個盧恩符文能量或能量組合中，何者是你今天受益最多的？

現在，把你前面所選的符文拿出來放在手中，接著念以下的咒語來啟動它們：

今天我召喚〔說出盧恩符文的日耳曼名〕的能量來幫助我處理〔描述你的狀況〕。藉由召喚這個能量，我擁有所有必要的支持、保護和自信來顯化最好的結果。

然後把這些符文石帶在身上一整天，或是把符文或符文組合畫在你整天都看得到的地方。

第二十三日：今日焦點

問自己：「我今天需要專注於什麼？」然後抽一個符文。

符號：＿＿＿＿＿　代表意義：＿＿＿＿＿＿＿＿＿＿　對應字母：＿＿＿＿＿

這個符文與你今天生活中發生的事有多大的關聯？

第二十三日：顯化結果

你今天發生了什麼事？

你想要顯化什麼樣的結果？

二十四個盧恩符文能量或能量組合中，何者是你今天受益最多的？

現在，把你前面所選的符文拿出來放在手中，接著念以下的咒語來啓動它們：

今天我召喚〔說出盧恩符文的日耳曼名〕的能量來幫助我處理〔描述你的狀況〕。藉由召喚這個能量，我擁有所有必要的支持、保護和自信來顯化最好的結果。

然後把這些符文石帶在身上一整天，或是把符文或符文組合畫在你整天都看得到的地方。

第二十四日：今日焦點

問自己：「我今天需要專注於什麼？」然後抽一個符文。

符號：＿＿＿＿ 代表意義：＿＿＿＿ 對應字母：＿＿＿＿

這個符文與你今天生活中發生的事有多大的關聯？

第二十四日：顯化結果

你今天發生了什麼事？

你想要顯化什麼樣的結果？

二十四個盧恩符文能量或能量組合中，何者是你今天受益最多的？

現在，把你前面所選的符文拿出來放在手中，接著念以下的咒語來啓動它們：

今天我召喚〔說出盧恩符文的日耳曼名〕的能量來幫助我處理〔描述你的狀況〕。藉由召喚這個能量，我擁有所有必要的支持、保護和自信來顯化最好的結果。

然後把這些符文石帶在身上一整天，或是把符文或符文組合畫在你整天都看得到的地方。

第二十五日：今日焦點

問自己：「我今天需要專注於什麼？」然後抽一個符文。

符號：＿＿＿＿　代表意義：＿＿＿＿＿＿　對應字母：＿＿＿＿

這個符文與你今天生活中發生的事有多大的關聯？

第二十五日：顯化結果

你今天發生了什麼事？

你想要顯化什麼樣的結果？

二十四個盧恩符文能量或能量組合中，何者是你今天受益最多的？

現在，把你前面所選的符文拿出來放在手中，接著念以下的咒語來啓動它們：

今天我召喚〔說出盧恩符文的日耳曼名〕的能量來幫助我處理〔描述你的狀況〕。藉由召喚這個能量，我擁有所有必要的支持、保護和自信來顯化最好的結果。

然後把這些符文石帶在身上一整天，或是把符文或符文組合畫在你整天都看得到的地方。

第二十六日：今日焦點

問自己：「我今天需要專注於什麼？」然後抽一個符文。

符號：＿＿＿＿ 代表意義：＿＿＿＿ 對應字母：＿＿＿＿

這個符文與你今天生活中發生的事有多大的關聯？

第二十六日：顯化結果

你今天發生了什麼事？

你想要顯化什麼樣的結果？

二十四個盧恩符文能量或能量組合中，何者是你今天受益最多的？

現在，把你前面所選的符文拿出來放在手中，接著念以下的咒語來啓動它們：

今天我召喚（說出盧恩符文的日耳曼名）的能量來幫助我處理（描述你的狀況）。藉由召喚這個能量，我擁有所有必要的支持、保護和自信來顯化最好的結果。

然後把這些符文石帶在身上一整天，或是把符文或符文組合畫在你整天都看得到的地方。

第二十七日：今日焦點

問自己：「我今天需要專注於什麼？」然後抽一個符文。

符號：＿＿＿＿ 代表意義：＿＿＿＿＿＿ 對應字母：＿＿＿＿

這個符文與你今天生活中發生的事有多大的關聯？

第二十七日：顯化結果

你今天發生了什麼事？

你想要顯化什麼樣的結果？

二十四個盧恩符文能量或能量組合中，何者是你今天受益最多的？

現在，把你前面所選的符文拿出來放在手中，接著念以下的咒語來啓動它們：

今天我召喚〔說出盧恩符文的日耳曼名〕的能量來幫助我處理〔描述你的狀況〕。藉由召喚這個能量，我擁有所有必要的支持、保護和自信來顯化最好的結果。

然後把這些符文石帶在身上一整天，或是把符文或符文組合畫在你整天都看得到的地方。

第二十八日：今日焦點

問自己：「我今天需要專注於什麼？」然後抽一個符文。

符號：＿＿＿＿ 代表意義：＿＿＿＿＿＿＿＿ 對應字母：＿＿＿＿

這個符文與你今天生活中發生的事有多大的關聯？

第二十八日：顯化結果

你今天發生了什麼事？

你想要顯化什麼樣的結果？

二十四個盧恩符文能量或能量組合中，何者是你今天受益最多的？

現在，把你前面所選的符文拿出來放在手中，接著念以下的咒語來啓動它們：

今天我召喚〔說出盧恩符文的日耳曼名〕的能量來幫助我處理〔描述你的狀況〕。藉由召喚這個能量，我擁有所有必要的支持、保護和自信來顯化最好的結果。

然後把這些符文石帶在身上一整天，或是把符文或符文組合畫在你整天都看得到的地方。

13

第29～30日：旅程的反思

第二十九日：今日焦點

問自己：「我今天需要專注於什麼？」然後抽一個符文。

符號：＿＿＿＿ 代表意義：＿＿＿＿＿＿＿ 對應字母：＿＿＿＿

這個符文與你今天生活中發生的事有多大的關聯？

第二十九日：檢視你的進步

現在，你已埋首於盧恩符文的使用以更加了解你自己、你的狀況和重要的關係，想想看哪一種解讀方式最吸引你。

你已經學會並練習了以下的解讀方式：

- 每天抽一個盧恩符文
- 「是」或「否」的解讀
- 了解狀況的三符文解讀
- 了解關係的五符文解讀
- 用盧恩符文來顯化

哪一種解讀方式最契合你？

理由是什麼？

哪一種解讀方式最不契合你？

理由是什麼？

你有試著用其他方式來使用盧恩符文嗎？

你在靜心或夢中見過盧恩符文嗎？

你發現了什麼模式？抽盧恩符文時，有哪些特定的符文不斷地重複出現？

如果有的話，這些模式對你來說意味著什麼？

第三十日：今日焦點

問自己：「我今天需要專注於什麼？」然後抽一個符文。

符號：＿＿＿＿ 代表意義：＿＿＿＿ 對應字母：＿＿＿＿

這個符文與你今天生活中發生的事有多大的關聯？

第三十日：檢視你的進步

現在，你已埋首於盧恩符文的使用以更加了解你自己、你的狀況和重要的關係，想想看哪一種解讀方式最吸引你。

你已經學會並練習了以下的解讀方式：

- 每天抽一個盧恩符文
- 「是」或「否」的解讀
- 了解狀況的三符文解讀
- 了解關係的五符文解讀
- 用盧恩符文來顯化

哪一種解讀方式最契合你？

理由是什麼？

哪一種解讀方式最不契合你？

理由是什麼？

你有試著用其他方式來使用盧恩符文嗎？

你在靜心或夢中見過盧恩符文嗎？

你發現了什麼模式？抽盧恩符文時，有哪些特定的符文不斷地重複出現？

如果有的話，這些模式對你來說意味著什麼？

第三部

盧恩符文的現代意義

盧恩符文索引

符文	原始日耳曼名	代表意義	對應字母	頁數
ᚨ	恩索茲	信號	A	228
ᛒ	伯卡納	成長	B	230
ᚲ	科諾	敞開	C, K, Q	232
ᛞ	達格斯	突破	D	234
ᛖ	耶瓦茲	移動	E	236
ᚠ	菲胡	豐盛	F	238
ᚷ	蓋伯	夥伴	G	240
ᚺ	哈格拉茲	擾亂	H	242
ᛁ	伊莎斯	靜止	I	244
ᛃ	耶拉	收穫	J	246
ᛚ	拉格斯	流動	L	248
ᛗ	美納茲	自我	M	250
ᚾ	納奧帝斯	約束	N	252
ᛟ	歐皮拉	繼承	O	254
ᛈ	佩索	起始	P	256
ᚱ	萊多	旅程	R	258
ᛊ	索威羅	完整	S	260
ᛏ	帝瓦茲	戰士	T	262
ᚢ	烏魯茲	力量	U	264
ᚹ	溫究	喜悅	V, W	266
ᚦ	蘇里薩茲	門徑	TH	268
ᛇ	愛瓦茲	臣服	Y	270
ᛉ	奧吉茲	保護	Z	272
ᛜ	英瓦茲	生育	NG	274
空白	無	未知	無	276

接下來，我將對盧恩符文進行概述，包括它們的名字、意義、關聯和用法。每一個符文我都會附上它的原始日耳曼名。如同先前說過的，有些盧恩符文不是僅有一個名字而已。爲了簡便，我只提供我覺得最喜歡的原始日耳曼名。

我也附上每個符文名字的基本發音。古英文和中古英文的學者們可能會對這些發音有不同的看法，但同樣的，我提供這些資料是基於實用目的，而不是學術研究。

此外，我也列出每個盧恩符文的代表意義。其他許多盧恩符文相關書籍爲每個符文提出更多的複雜解釋，分析佚名者的《艾達史詩》和十三世紀冰島作家斯諾里·斯圖魯松（Snorri Sturluson）所寫的詩詞的意義。學者可能會認爲那才是解釋盧恩符文的恰當方式，但我的目標不是要分析歷史，而是提供你一個可理解又適用於今日的解釋，不必過度依賴那些可能不完整的文獻。就像古老的俗話說的，歷史是贏家寫的。我們不知道我們所不知道的。在解釋和重述歷史時，人人都有自己的過濾器。話雖如此，我對於告訴大家每個符文的現代意義感到很自在，學術的解釋就留給學術吧！

最後，爲了提供每個現代意義更深一層的理解，我分享了每個符文與占星術的行星和星座的天體關係。盧恩符文的正統派可能不同意將這兩種看似截然不同的體系混爲一談，然而我發現，這個天體的相似處帶給每個符文更多的思考維度。

如果你對於將盧恩符文的現代意義應用在生活中感到有困難，這個部分提供了「停下來反思」的問題，促進你將這些意義應用在你所詢問的狀況中。倘若你發現這些促進是有用的，可以將它們記錄下來——如果你想這麼做的話。

1 恩索茲（Ansuz）

ᚨ

對應字母：A
發音：AWN-sooz
代表意義：信號
天體關聯：☾ ♋

恩索茲與月亮連結。月亮具有喚起我們的直覺、潛意識心靈和養育衝動的力量。這個符文與最感情用事的巨蟹座有關。

現代意義：我們的直覺用許多方式跟我們說話——透過作夢、預感、閃過的念頭、靈思乍現，或甚至透過其他人。我們每天都被信號和徵兆包圍著，但如果我們沒覺察到周遭的方方面面，很容易就會錯過它們。

這個符文邀請你連結自己的直覺管道，好讓你在人生中能更游刃有餘。要更加覺察那些看似突如其來的念頭、想法和靈感。這種使用自身的神聖指引系統的感覺，就像是衛星導航一樣。我們的高我不斷地向我們傳送訊息，來爲我們指出那條阻力最少的道路。

你越是對這些傳送給你的直覺訊息保持開放，你就會收到更多的訊息。今天找個安靜的地方獨處十分鐘。閉上眼睛，做三次深呼吸。練習向你的高我請求訊息，問：「今天我需要知道什麼？」或是：「我該如何解決這個歧見？」

你可以問任何問題，而答案將會以某種形式出現。對問題的回答方式保持開放。要相信你得到的第一個回答就是正確答案，因爲它來自最好的來源——你的內在。

停下來反思

- **你的腦海中，最新閃過的念頭是什麼？**
- **閉上眼睛，問自己：「那代表什麼意思？」**
- **你相信自己的直覺嗎？相信或不相信的原因是什麼？**

總結

我們都具有本能的直覺能力。恩索茲的出現是在鼓勵我們注意身邊出現的信號和徵兆，並看出它們往往是來自神聖智慧之境的訊息。

2

伯卡納（Berknan）

ᛒ

對應字母： B
發音： BEAR-kana
代表意義： 成長
天體關聯： ♃ ♐

伯卡納與木星連結。木星召喚的是幸運、成功、樂觀、擴展和學習的能量。這個符文與最幸運的射手座有關。

現代意義： 生而爲人，難免必須經歷出生、成長和死亡。然而，每個人的成長步調（包括精神、肉體、情感和靈性上的成長）都因人而異。有時，我們會低估自己的成長，並高估他人的成長。

當我們低估自己的成長，我們會不必要地嚴厲批判自己，而忽略了我們克服過多少的困難，畢竟，我們都是從這個過程中學習的。但我們不會讚許自己走過多少路才達到今天的境地。

當我們高估他人的成長，我們會對他們沒達到我們的期待而感到失望。不論是哪一種情況，我們都評斷了自己和他人。或許我們忽略了，我們都走在旅途上，我們都是隨著經歷而成長。我們無法強迫自己或他人成長。

我們必須了解並接受我們現在的處境。每個人都有各自的獨特旅程，而不是對事情應該是什麼樣子加上自己的期待。

停下來反思

- **過去五年來，你在人生的哪些方面成長最多？**
- **哪些經歷促成你的成長？**
- **想一位過去或現在令你感到失望的人。你能在心中用不同的方式表達那個失望，並了解那個人已經盡了他最大的力量嗎？**

總結

有時，我們最重要的成長是來自於痛苦的經歷。伯卡納的出現是在提醒我們，我們是來人間學習和成長的。我們可以接納所有的經歷，甚至包括那些艱辛的經歷，並將它們視爲幫助我們前往下一個學習層級的挑戰。

3

科諾（Kanu）

ᚲ

對應字母：C，K，Q

發音：KA-new

代表意義：敞開

天體關聯：♓

科諾汲取的是來自海王星的能量。海王星與理想主義、靈性、臣服和超越有關。這個符文與最有智慧又最充滿愛的雙魚座有強大的連結。

現代意義：你的眼前即將打開一扇門，它將帶來新的可能性。但如果你不加以覺察和聆聽，你可能會錯過這個機會。當我們要走下一步時，我們往往會執著於自己所認爲的事情必要的開展方式。然而我們這樣做時，卻可能無意中阻擋了那些實現我們想要的結果的其他路徑。

舉例來說，如果你對目前的某段關係感到不開心，那麼你可能會認爲，除非完全結束這段關係，否則你不會感到快樂和滿足。然而，你潛在的需求可能是你想要別人尊重你。一旦了解這一點，你可能會發現，此時你應該說出來並建立你與他人的界限，而不是離開在不知情的狀況下跨越你的界限的那些人。

要留意你生命中想改變的是什麼，並探索其中的原因。對宇宙給予你請求之物的方式保持開放，如此一來，你便有更多的機會得到你想要的東西。開放，留意，活在當下。一個新的開始以你從未想過的方式在等待著你。

停下來反思

- **當新的機會出現在你面前時，你的感覺怎樣？**
- **你希望生活中的哪一件事情能夠改變？**
- **那個改變可能以哪三種可能的形式出現？**

總結

科諾的出現是在鼓勵我們，讓自己的心對某個意外的邀請或事先沒想到的事物保持開放。當我們是友善的並對新的可能性開放，有時就會出現神奇的事。

4 達格斯（Dagaz）

ᛞ

對應字母：D
發音：DAH-gaz
代表意義：突破
天體關聯：♇ ♏

達格斯與冥王星有強大的連結。冥王星與力量、改變和重生有關。在占星學上，它對應的是最愛恨分明又充滿肉慾的天蠍座。

現代意義：經過嘗試錯誤和一連串的走走停停之後，你走到了完全清楚明瞭的邊緣。隨之而來的是某個重要的東西，它可能以個人或事業成就的形式到來，或可能是一個新的、更好的你的開端。

它可能是一個創造性的突破、事業或學業上的努力之事，或者是一段親近的個人關係的重大改變。雖然通往你想要之物的道路可能既漫長又顛簸，但你經歷的那些奮鬥過程將會非常值得。在自我懷疑和恐懼的時刻，繼續向前進吧！要知道，宇宙永遠爲你的最高和最大的利益而運作。釐清你想要的是什麼，並對它的到來有信心。

現在應該做個深呼吸、放輕鬆，讓一切自然呈現。你距離你所渴望的解決之道只有數步之遙。信任這個過程，並了解此刻你就在你應該在的地方。

停下來反思

- 一直以來，你最掙扎或深陷其中的一件事是什麼？
- 在這樣的事態下，可能發生的最糟糕的事是什麼？
- 可能有其他你沒想過的結果嗎？那可能是什麼？

總結

你所渴望的解脫和解決之道就在不遠處。達格斯提醒你，當你不再抓捕蝴蝶時，蝴蝶就可能停在你的鼻梁上。輕鬆地等待，讓那個突破走向你吧！

5

耶瓦茲（Ehwaz）

ᛖ

對應字母：E
發音：EH-waz
代表意義：移動
天體關聯：☿ ♊

耶瓦茲與水星有關。水星能促進旅行、溝通和思想。這個符文與具有雙重性格的雙子座有所連結。

現代意義：如果你對生活中的某方面（例如感情、事業或健康）感到拖延或停滯不前，那麼就是該做出重大改變的時候了。

現在是進步和前進的時機。這可能必須從實質上的移動（例如旅行或更換住處）開始著手。此時，宇宙比以往更想要支持你。但你必須相信，更好的人生在等待著你，同時你已準備好踏出第一步來讓輪子轉動。

首先，從說出你準備好做出改變開始。要具體的說出你必須在生活中的哪一方面做出改變。然後，踏出第一步。即使是小小的一步也行。整個動力必須由你開始。接著，你所要求的眞正改變就會到來。

停下來反思

- 你在哪一方面感覺停滯不前？
- 如果你有一根能讓這一方面變得更好的魔杖，你會怎樣改變它？
- 今天你能踏出什麼樣的一小步來走向這個結果？

總結

耶瓦茲邀請我們接納生活中的移動變化。它提醒我們，我們有力量顯化出我們眞正想要的生活。放下現狀，對可能性開放吧！

6

菲胡（Fehu）

對應字母： F
發音： FEH-who
代表意義： 豐盛
天體關聯： ♃ ♐

菲胡與木星連結。木星召喚的是幸運、成功、樂觀、擴展和學習的能量。這個符文與最幸運的射手座有關。

現代意義： 通常我們會因爲自己所擁有的東西、身邊的人或住的地方而感到安全。我們的幸福感來自於我們的財產和社會所定義的「富裕」。許多人強調外在的財富，而不是內在的富足感。

然而，外在的財富（例如我們開的車、戴的珠寶或住的房子）可能是短暫的。今天擁有的東西，明天可能就沒了。我們可能「什麼都有了」，但內心仍感到不滿足。

現在該是探索你的內在、重塑你對財富和財產的看法，以眞正反映出你內在的眞實財富的時候了。也許對別人來說，你是一個養育者、保護者、藝術家或行爲榜樣。內在的你永遠不可能遺失或被拿走。向內看，並清點你與生俱來的那些天賦。留意你所有的天分。你的生命充滿了豐盛。隨著你對財富定義的改變，將焦點放在所有使你變得特別和獨特的事物上，你的生命就會變得更加滿足和喜悅。

停下來反思

- **對你而言，「財富」的意義是什麼？現在你覺得富有嗎？理由是什麼？**
- **你有哪些天分？**
- **哪一個天分使你感覺最為特別？**

總結

菲胡的出現是在提醒我們，財富的衡量有許多種方式；無形的財富能使我們有一種滿足感，而這是累積再多財物也無法帶給我們的。沉思一下眞正有價值的東西。

7 蓋伯（Gebo）

ᚷ

對應字母：G
發音：GEH-boe
代表意義：夥伴
天體關聯：♀ ♎ ♉

蓋伯與金星有關。金星以其陰性能量、喚起浪漫、愛情和美麗而爲人所知。這個符文與最平衡的天秤座和最穩定的金牛座有所連結。

現代意義：一個新的結合即將發生在你身上。這個結合需要你的合作，才能實現你在人生的這個階段所追求的喜悅。儘管你可以靠自己完成你諸多的渴望，但現在該是讓那位被你打造的心牆禁錮住的某個人表現的時候了。剛開始這可能令人感覺不舒服，但這並無大礙。在你人生旅程的這個階段，你沒必要孤軍奮鬥。這個結合的對象可能是一位新的好友、新的事業夥伴或情人，而不論是哪一種情況，都要對它保持開放。

這個結合會有其自己的能量，完全不同於你過往的任何關係。不要將它與過去的經驗進行比較或評斷。隨著你的成長，你會變得越來越擴張。關係再也無法定義你是誰，相反的，它們只是來改善你的人生。

讓你的光明由內而外地大放異彩。注意你吸引了哪些人進入你的生命，並讓新的關係建立起來。你已經爲此做好準備了。

停下來反思

- **對你來說，夥伴關係的意義是什麼？**
- **你與某人的夥伴關係能以何種方式改善你的生活？**
- **想到你與某人合夥或共同協力完成某個目標時，讓你有什麼樣的感覺？**

總結

蓋伯邀請我們放下「一切事情都必須靠自己完成」的限制性信念。在必要時求助並接受別人的援手是沒問題的。

8 哈格拉茲（Hagalaz）

ᚺ

對應字母：H
發音：HA-ga-las
代表意義：擾亂
天體關聯：♅♒

哈格拉茲與天王星有強大的連結。天王星會引發突然的改變、創造力、獨立性和反常行爲。這個符文與最有意識和最具人道主義精神的水瓶座有關。

現代意義：當我們錯過了「現在該是人生做出某種改變的時候」的微妙暗示時，宇宙有時會替我們創造這種改變，好讓我們能進入下一階段的學習。

你的道路出現了擾亂，但不必害怕。這即將發生的改變，是出自於你想要有一個更好的人生的潛意識渴望，即使你尚未構思你所想要的內容或方式。你可能會因爲擔心它出現的方式而壓抑這個渴望。放下這個擔憂吧！一章的結束標示著新一章的開始，隨之而來的是光明、希望和無限的可能性。

你以某種方式被愛著、支持著，只是這些方式超出了你的所見、所觸和所知。要相信，當這擾亂的浪潮出現時，它是爲了你的最高和最大的利益而來。結果是，你會感到更加快樂和完整。改變是不可避免的，要用開放的心來接納它，並知道改變的結果將會是美好的。

停下來反思

- **目前為止，你人生中遭遇的最大挑戰是什麼？**
- **這個經歷教導了你什麼？**
- **遇到困境時，你能做哪三件事來讓自己在突然的變化中穩定下來？**

總結

哈格拉茲鼓勵我們要對尚無法看見的未來有信心，並且要相信，那個在這神祕改變的另一邊等待著我們的結果，對於涉入其中的每一方都將會是最好的。

9

伊莎斯（Isaz）

ᛁ

對應字母：I

發音：EE-saw

代表意義：靜止

天體關聯：♄♑

伊莎斯與土星有強大的連結。土星與克制、時間、功課和責任有關。與這個符文相關的星座是最沉穩又最堅持不懈的魔羯座。

現代意義：此刻需要靜止。放下你因爲停下腳步而產生的所有不耐煩或沮喪的感受。人總是傾向於一直往前衝衝衝，但有時我們眞正需要的是拔掉插頭，然後靜止下來。靈魂的充電和恢復精神，也需要配合肉體和情感上的休息。

當生活中的某個事物突然或意外中止時，我們可能會很難相信宇宙和自己。在這種情況下，我們很容易就落入受害者的心態。我們可能會說：「爲什麼我會發生這種事？我到底做了什麼事而遭到這種報應?」然而,隨著時間的推移,我們可能會了解到,原來這個中止是爲了獲得最好的結果。

重要的是我們要提醒自己,無論哪個時刻,我們總是沒有完整的信息或智慧來解釋某個事物會中止的原因。重點是要相信這個中止是我們所需要的,因此它一定是爲了讓我們擁有更美好的明天。接納這個暫停,並好好休息吧!

停下來反思

- **當你大聲說出「靜止」這個詞時,你看見的第一個詞語或意象是什麼?**
- **你對靜止的聯想是正面的,還是負面的?為什麼?**
- **生活中那些可以由你掌控的障礙,其中哪一個是阻擋你邀請更多靜止進入你的生活的最大障礙?**

總結

伊莎斯的出現是在提醒我們,一切事物永遠處於神聖的秩序中,即使我們感覺四處碰壁時也是一樣。今天讓自己處於寧靜當中,並享受必要的休息和它所帶來的復甦。

10 耶拉（Jera）

ᛃ

對應字母：J

發音：YAR-ah

代表意義：收穫

天體關聯：♀ ♎ ♉

耶拉與金星有關。金星以其陰性能量、喚起浪漫、愛情和美麗而爲人所知。這個符文與最平衡的天秤座和最穩定的金牛座有所連結。

現代意義：收穫是關於我們擁有什麼，以及身爲人類和靈性生命的我們所擁有的無限潛力的一種理解。收穫將我們與生活中的美好和豐盛連結起來——我們的環境、我們的家和我們的人際關係。收穫提醒我們仔細思考自己所擁有的一切，並且每天找出時間進行反思。它同時也讓我們開始看見什麼是可能的，並了解我們可以過得更豐盛。

感恩是接收更多事物的鑰匙——更多的愛、更多正面的體驗、更多的喜悅。如果我們能花時間感謝我們所擁有的、分享我們所擁有的，並且每天找出幾個理由來表達感恩，如此就沒有不可能的事。

享受你的辛勞和努力工作的成果。你值得擁有你目前所有的一切，而隨著你繼續感恩這個豐盛，就會有更多的豐盛到來。

停下來反思

- **說出你感恩的三件事物。**
- **你生活中有哪一種豐盛是你可能視為理所當然的？**
- **有什麼事物是你非常想要，但也許是不必要的？**

總結

耶拉的出現是在邀請我們停下來反思我們所擁有的一切，並放下所有我們想要獲得而尚未擁有之物的渴望。辛苦的努力已經完成，好好享受那早已在你身邊的豐盛吧！

11

拉格斯（Laguz）

ᛚ

對應字母：L
發音：LA-gooz
代表意義：流動
天體關聯：☾ ♋

拉格斯與月亮連結。月亮具有喚起我們的直覺、潛意識心靈和養育衝動的力量。這個符文與最感情用事的巨蟹座有關。

現代意義：現在是你開始上軌道的時候了。現在所有的事物都將走向你，並輕鬆又優雅地透過你來移動。靈思乍現、疑難解答或問題的解決之道都毫不費力地呈現在你眼前。障礙消除了；困難解決了；衝突消失了。要特別全天候地覺察你的所言所思。你的言語、心態和行爲的表現必須與你渴望的結果一致。相信所有的事都是可能的，它就眞的可能發生。

當我們達到這種流動的自然狀態，所有的事物就會上軌道。我們忘記了時間，快樂地沉浸在眼前所做的事情上。對某些人來說，流動能使他們有無限的創意；對另一些人來說，流動能使他們全然地專注。對我們所有人來說，流動啓動了創造。它讓我們在想要的時候，顯化我們想要的東西。

如果今天你很難進入這種心流狀態，那麼就改變一下場景。去你從未去過的地方旅行一天，並找出諸如藝術、音樂或大自然之類的美好事物。這些美好的事物能引發流動。今天就開啓你的流動，看看會有什麼新的想法或表達出現。

停下來反思

- **你的生活中哪個時候曾經體驗過自然的流動？**
- **對你來說，流動的感覺像什麼？**
- **你生活中的哪些情況最需要流動？**

總結

拉格斯的出現是在提醒我們，雖然創意和清明會自發地流經我們，但我們仍可以請求我們的日子能輕鬆、喜悅、優雅地呈現。設定這個簡單的意圖，並享受這趟旅程吧！

12

ᛗ

美納茲（Mannaz）

對應字母：M
發音：MAH-naz
代表意義：自我
天體關聯：☉♌

美納茲與太陽連結。太陽主掌生命力和獨立性。這個符文與最忠誠的獅子座有關。

現代意義：人生有時可能既複雜又令人難以招架。你的生活步調這麼快，又要爲這麼多事情負責。你經常將別人的需求擺在自己之上，以至於你的內心忽略了自己。你可能會覺得對自己好是沒必要的，但這並非事實。你非常重要。你值得對待自己像你對待別人一樣的好。當這種情況發生，它是你重新回歸中心並且喘息的機會。

從今天開始，你要覺察你的人生想要什麼和需要什麼。在這些短暫又安靜的獨處時刻，認眞地問自己，對你來說，幸福的意義是什麼。在你能夠對外表達並採取行動之前，你必須自己先回答這個問題。

此一了解來自於你內在的自我。今天，允許你將自己擺在第一位。首先，你要知道自己想要什麼，要有大聲將它說出來的勇氣，然後去追求它。你值得擁有你所想要的。現在該是你將一些美好的愛返還給自己的時候了。

停下來反思

- 對你來說，幸福的意義是什麼？
- 什麼是你能掌控的？什麼是你無法掌控的？
- 如果你有一根能讓任何改變都變得更幸福的魔杖，你會想改變什麼？

總結

美納茲的出現是在溫和地提醒我們，花一點時間照顧自己，好讓我們能夠休息和充電。去享受按摩、在森林裡散步，或吃一個粉紅杯子蛋糕吧！今天做點特別的事來慶賀和讚賞自己。

13 納奧帝斯（Naudiz）

ᚾ

對應字母：N
發音：NOW-deez
代表意義：約束
天體關聯：♄♑

納奧帝斯與土星有強大的連結。土星與克制、時間、功課和責任有關。與這個符文相關的星座是最沉穩又最堅持不懈的魔羯座。

現代意義：有時候在敏感或意外的狀況下，我們的反應和言語會做出違心之論，而沒考慮到我們說出的這些話會對他人造成什麼樣的重大影響。我們可能會在理性的場合裡過於感性，或在感性的場合裡過於理性。言語是有力量的，認識這一點非常重要。這個符文邀請我們在激動時做出回應之前，有必要先停下來想一想我們所想要的結果。

當你面臨涉及他人的艱困狀況時，你可以考慮使用一句讓自己暫停下來的話語，例如：「我需要一些時間好好想一想。」這麼做能讓你脫離那個狀況，並深呼吸思考一下你接下來期望出現什麼樣的結果，然後你就可以根據這個期望做出你的回應。在採取行動之前，只要你能讓自己有一段靜止和釐清的時間，你就有能力喚起和諧，而不是紛爭。

停下來反思

- **有沒有一個例子是你匆忙地做出反應，導致你在事後對自己的所言或所行感到後悔？如果換成現在，你會怎麼做？**
- **什麼狀況或什麼人會讓你不假思索地做出反應，而不是做出深思熟慮的回應？**
- **在你做出反應之前，你會用什麼話語來讓你暫停下來脫離那個狀況？**

總結

納奧帝斯的出現，是在要求我們暫停下來設身處地爲他人想一想。在說出傷人或適得其反的話之前，先考慮對方的處境。今天，懷著慈愛與優雅來選擇你說話的用語。

14

歐皮拉（Opila）

ᛟ

對應字母：O
發音：OH-pila
代表意義：繼承
天體關聯：♃ ♐

歐皮拉與木星連結。木星召喚的是幸運、成功、樂觀、擴展和學習的能量。這個符文與最幸運的射手座有關。

現代意義：我們是誰以及我們表達自己的方式，源自於我們祖先的根。我們選擇往回看多遠，會對我們今日的外貌、心態和情感性格產生極大的影響。

在自我懷疑或缺乏信心時，我們可能會想起過去的經驗來解釋我們目前的缺陷或信心不足。我們可能將這一切歸咎於物質上的限制，例如我們的體重、財力侷限或遭遇逆境時所產生的情緒障礙。

如果我們往回看得更遠一點，回到法老王、預言家和女祭司的古代，我們就可以連結到我們與生俱來的權利中那些最光榮又最受敬仰的部分。在DNA的層面上，我們都屬於這些東西。我們每個人都與神有一個獨特的關係。我們都擁有無盡的美和知識；我們的愛與成爲愛的能力超越了時間。

展望最究竟的你時，想一想你希望自己可以成爲什麼樣子，並且知道你已經是那個樣子了，而且不僅止於此。

停下來反思

• 想到「繼承」這個詞時，你心中浮現的第一個人、地、物是什麼？

• 你已經從家族世系中有意識地繼承了哪些東西？

• 你一直深受歷史上哪位名人的吸引？理由是什麼？你從那個人身上看見現在的自己的哪些東西，即使只是些許而已？

總結

歐皮拉的出現是在提醒我們，抬起頭來，爲自己的每一部分感到驕傲。走進所有使你變得引人注目的一切。你所擁有的一切已經是你的了，永遠都是如此。慶祝美麗的自己吧！

15 佩索（Perth）

對應字母：P
發音：pearth
代表意義：起始
天體關聯：♁♈

佩索與火星有強大的連結。火星喚起幹勁、侵略和陽性的能量。這個符文對應的是最主動又最安靜不下來的牡羊座。

現代意義：現在是朝向你一直打算做出的改變邁出第一步的時候了。被動地等待某個事物來推動你前進，並無法產生你所尋求的改變。你必須採取主動和果敢的態度，才能讓宇宙將你想要的事物帶給你。你不必有完全成熟的計畫，或知道它實際上會如何呈現。你不必知道所有的細節，但你確實必須做點什麼。即使是最小的一步，也將引發改變。

如果你因自我懷疑或恐懼而不敢邁出步伐，那麼現在該是你放下它們的時候了。若是財力的侷限耽誤了你，那麼就要知道，獲得你想要的東西不是只有一種方法而已；若你擔心的是你想要的改變可能會傷害到其他人，那麼我們鼓勵你在人生的這個關頭想想你自己。改變並沒有所謂「正確的時間」或「錯誤的時間」。萬事萬物都按照神的安排，在它們該出現的時刻出現。

別再想了，現在是採取行動的時候了。你是受支持和被愛的。確定你已經準備好，然後縱身一躍吧！

停下來反思

- **哪些事情是你知道你現在就想改變的？**
- **在你能掌控的事情中，有什麼是你想改變的？**
- **今天你可以踏出哪一步來展開這個改變？**

總結

佩索的出現是在推我們一把，讓我們採取決斷的行動。首先，我們的心和頭腦必須搞清楚我們所想要的改變。然後，我們必須踏出勇敢的第一步。縱身一躍吧！相信宇宙會處理好其他的事。

16

萊多（Raido）

ᚱ

對應字母：R
發音：RA-dough
代表意義：旅程
天體關聯：☿♊

萊多與水星有關。水星能促進旅行、溝通和思想。這個符文與具有雙重性格的雙子座有所連結。

現代意義：每天早上醒來，我們可以朝旅程前進，也可以停留在原地。我們可以選擇生活、歡笑、愛和學習的光明路途，也可以選擇站在陰影的道路上一動也不動，只把焦點放在那些錯誤的事情上。當我們選擇光明的路途時，我們是成長和擴展的，而這正是每個人來到人間的目的；當我們選擇黯淡或黑暗的道路時，我們就否定了自己靈魂成長的能力。

不管選擇的是哪一條路，我們每個人都走在自己獨特的旅程上。我們越是接納人生的起起伏伏，生命就越輕鬆地流動。旅程中，使我們掙扎不已的最困難階段，往往是我們學習和成長最多的。

這個符文邀請你接納這一切，並看見隨著旅程的每一步而來的人生功課。

停下來反思

- **你認為自己是悲觀的人，還是樂觀的人？為什麼？**
- **想想有什麼狀況曾經造成你的痛苦，但事後回顧卻發現學習到許多？**
- **目前為止，你在生活中克服過哪些最大的障礙？**

總結

我們都是來人間學習人生的功課。萊多的出現是在提醒我們，別太嚴厲地批判自己，也不要批判別人的獨特旅程的現況。我們越是能順勢而爲，並且知道黑暗時刻終將過去，我們的旅程就會越輕鬆。

17

索威羅（Sowilo）

ᛊ

對應字母：S
發音：SO-will-oh
代表意義：完整
天體關聯：☉ ♌

索威羅與太陽連結。太陽主掌生命力和獨立性。這個符文與最忠誠的獅子座有關。

現代意義：我們每個人都是帶著與靈性保持一致的目標，在人間展開我們獨特的旅程。當我們與靈性保持完美的一致性，我們就與宇宙、我們的高我和我們的神聖創造者連結。當我們處於一致的狀態時，我們會感到平靜和滿足。這是我們身爲靈性生命的自然狀態。

接著，人生嚴酷且意外地向我們走來。當我們感覺憤怒、悲傷、被拒絕或寂寞時，這就暗示我們已經偏離了靈性，並且中斷了靈魂的連結。我們拚命努力地熬日子。

然後……我們睡覺。我們藉由睡覺來重新設定能量。早上醒來，我們呼吸新的空氣。我們知道，我們又成功地熬過一天；我們又走了一哩路；我們又克服了另一個障礙。在與靈性一致的狀態下，我們又展開新的一天。

如果你今天感到情緒低落，就做一下靜心或小睡一會兒。透過靜心和休息，我們能將自己帶回到完整和一致的感覺。你越是練習將自己轉回完整性，你就越容易與靈性保持一致並感覺到完整。

停下來反思

- **對你來說，成為完整的意義是什麼？**
- **你對生活中的哪些方面全然感到滿足？**
- **你覺得自己生活中的哪些方面需要成長？**

總結

索威羅的出現是在提醒我們，我們每天都可以在靈性上重新設定。早上一醒來，注意那寧靜的一刻，並儘量保持那個寧靜狀態。隨著練習和意圖的聚焦，你能保持與靈性一致，如此一來，你便能找到你所尋找的平靜。

18

帝瓦茲（Teiwaz）

ᛏ

對應字母：T

發音：TEE-wawz

代表意義：戰士

天體關聯：♂♈

帝瓦茲與火星有強大的連結。火星喚起幹勁、侵略和陽性的能量。這個符文對應的是最主動又最安靜不下來的牡羊座。

現代意義：讓身心安靜下來是你必須掌握的技巧。學會在對話、做事或放鬆時完全處於當下，將大大增進你情感的幸福。懊悔過去，抑制了你當下所能感受的喜悅；擔憂未來，產生了恐懼，並可能阻礙我們向前邁進。

釋放你內在的戰士吧！戰士是完全處於當下的。她靜靜地掃瞄她的周圍，注意身邊的任何動靜。她既不期待，也不擔憂。她的內在和外在都是平靜的。就算有什麼狀況發生，她也已準備好行動。她的力量來自於她能夠單純地存在。

在心中將自己視爲戰士——自信、處於當下、力量強大。放下所有雜念紛飛的念頭，或同時做多件事情的傾向。聚焦在眼前的一刻，並注意你的感覺有什麼不同。這需要練習，但這是你能掌握的事。擁抱你內在的戰士吧！

停下來反思

• 過去有哪些狀況使你感到後悔？

• 未來有哪些狀況使你感到擔憂？

• 用「我是……」起頭，創造一句「內在戰士」的肯定語。今天一整天都重複說這句肯定語來幫助你釋放這些懊悔和恐懼。今天當你覺得自己沒有處於當下時，就重複說你的內在戰士肯定語。

總結

帝瓦茲的出現是在鼓勵我們，停下來注視和聆聽我們周圍的事物。放下過去的懊悔和未來的擔憂。活在當下。保持覺察與平靜，以增強你的所見、所感和所知。

19

ᚢ

烏魯茲（Uruz）

對應字母：U
發音：OO-rooze
代表意義：力量
天體關聯：♅ ♒

烏魯茲與天王星有強大的連結。天王星會引發突然的改變、創造力、獨立性和反常行爲。這個符文與最有意識和最具人道主義精神的水瓶座有關。

現代意義：你的力量很深厚。你已經在生活中克服了許多挑戰，從而使你變得更爲強大、穩定且更有能力。通常我們都是在遇到某種挑戰時，才有機會看見自己實際上是多麼的強大。

這個符文邀請你回顧一下你的來時路，以及你人生中所有鍥而不捨的經驗。回頭看一下你已經走了多遠，然後將你學習到的智慧分享給此時感到害怕或脆弱的其他人。

這世界需要你繼續建立你的力量、說出你的眞相，並教導其他人做同樣的事。我們可以讓逆境擊垮我們，也可以利用逆境來使我們變得更強大。這一路上，你都選擇讓自己變得更爲強大。現在你開始了解，力量是一種自我養成的天賦。

今天，爲你克服過的種種困難給自己一個擁抱吧！並將你的人生經驗分享給需要的人，好讓他們也能變得更強大。

你擁有你所需要的一切力量，並將永遠堅持不懈。

停下來反思

- **你怎樣定義力量？**
- **生活中，你克服過的最大困難是什麼？**
- **那個經驗教導了你什麼？**

總結

烏魯茲的出現是爲了讓我們想起自己內在的力量和實力。透過試煉，我們的力量才能獲得測試和增強。召喚烏魯茲，你便能度過一切難關。

20

溫究（Wunjo）

對應字母：V，W
發音：WOO-yo
代表意義：喜悅
天體關聯：☉♌

溫究與太陽連結。太陽主掌生命力和獨立性。這個符文與最忠誠的獅子座有關。

現代意義：我們每天都擁有體驗喜悅的能力。喜悅是存在的自然狀態，在這種狀態中，我們感受到全然的喜樂。體驗喜悅時，我們會感到深深的滿足。我們完全處於當下，沒有過去的懊悔或未來的擔憂。我們對當下的一切感到自在。

然而，我們許多人有各種阻止我們去感受喜悅的心理障礙。我們可能因爲養兒育女、財務負擔、職場或校園的衝突、或人際關係不和諧的壓力而感覺陷入泥淖。我們可能會認爲我們不可能在感覺壓力或感覺喜悅之間做選擇；但我們確實具有這種能力。

舉例來說，塞車的時候，你可以選擇沮喪氣餒，也可以選擇打開收音機享受這意料之外的時光，靜靜地坐著欣賞一些音樂。

從今天開始，將喜悅視爲一種選擇。你不必等待喜悅的發生；你可以隨自己的意願，在任何時候體驗到喜悅。今天遇到困難的時候，閉上眼睛問自己：「此時的喜悅在哪裡？」工作遇到壓力時，你手上的熱咖啡可以成爲喜悅的一刻嗎？走出戶外感受臉上的陽光能帶給你快樂的一刻嗎？去覺察咖啡或陽光帶給你的快樂。擁抱這個感受，並邀請你內在的喜悅。喜悅其實是一種選擇。

停下來反思

- 說出三件帶給你喜悅的事物。
- 感覺喜悅時，你是在身體的哪一部位感受到它？
- 你要如何將更多這種喜悅的時光帶進你的日常生活？

總結

溫究的出現是在鼓勵我們，別把事情看得太嚴肅。在所有的狀況中找到笑點。看著鏡子，對美麗的你微笑。當個傻瓜！讓你的內在小孩笑出來、唱出來和玩起來。

21

蘇里薩茲（Thurisaz）

ᚦ

對應字母：TH
發音：THOOR-eh-saws
代表意義：門徑
天體關聯：♇ ♏

蘇里薩茲與冥王星有強大的連結。冥王星與力量、改變和重生有關。在占星學上，它對應的是最愛恨分明又充滿肉慾的天蠍座。

現代意義：一個新的開始即將發生，必要的改變也將隨之而來。在你能展開下一個人生篇章之前，請先放下生命中那些不再適合現在的你的事物。

要誠實地面對你在新的人生篇章中想要什麼。告別負面的模式、舊有的創傷和自我限制的信念。隨著眼前這一章的結束，將它們都拋到腦後吧！這個放下的舉動為你的情感和靈性的擴展創造了空間。

這也可能是你實現你與他人在靈魂層面的約定的時候。換句話說，某些陪伴你走到今天的人，可能不會再繼續陪你走下去了。這是個苦樂參半的事實。但某些告別是必要的。隨著你的擴展和成長，它們終究對你有好處。

你是來人間生活、學習、愛，並成爲最幸福的你。透過放下那些不再適合我們的事物，我們才能爲新的開始挪出空間。

停下來反思

- **你渴望在生活中的哪方面做出脫胎換骨的改變？**
- **有哪些舊有的創傷是你緊抓著不放但必須放下的？**
- **當個人的轉變發生時，在整個過程中，你可以找誰談話來獲得穩定和支持？**

總結

蘇里薩茲的出現是要我們注意，將情緒的儲藏室清理乾淨，丟掉那些對我們不再有用的東西。現在該是繼續走向那在前方等待著你的更快樂、更覺悟的人生的時候了。

22 愛瓦茲（Eihwaz）

ᛇ

對應字母：Y

發音：EYE-wawz

代表意義：臣服

天體關聯：♆ ♓

愛瓦茲汲取的是來自海王星的能量。海王星與理想主義、靈性、臣服和超越有關。這個符文與最有智慧又最充滿愛的雙魚座有強大的連結。

現代意義：此時堅持、耐性和鍥而不捨是很重要的。要知道，所有的事物都需要時間；生活中最重要的東西是急不得的。雖然你往往必須看見進展，才會相信「事情正在發生」；但是你要信任現在是讓事情自然呈現的時候，而不必施予任何形式的壓力。

要抑制自己干涉或阻止某事發生的衝動。有時最好的行動就是沒有行動。你今天採取的決定或行動，事後當你看得更多、知道得更多時，看起來將會非常不一樣。此時有太多移動的組件，它們共同形成一個對你有最大利益的計畫。

現在暫停一下，不要做出突如其來的舉動。在行動之前，先暫停、等待，讓更多的事物自然呈現。你會知道何時才是行動的時機。

停下來反思

- 現在生活中有什麼事情使你想要（也許是倉促地）採取行動？
- 等待行動有什麼不利的因素？為什麼？
- 你能區分當下反應，以及給事情適當的時間呈現之後再做出回應之間的差別嗎？

總結

愛瓦茲提醒我們，現在要堅持到底。但在你說或做任何事之前，先看清楚整個狀況。給它時間，並只有在更多的細節明朗化之後才採取行動。

23

奧吉茲（Algiz）

ᛉ

對應字母：Z
發音：ALL-heez
代表意義：保護
天體關聯：♁♈

奧吉茲與火星有強大的連結。火星喚起幹勁、侵略和陽性的能量。這個符文對應的是最主動又最安靜不下來的牡羊座。

現代意義：你最大的利益已經在物質界和靈界得到關切和考量。現在該是你放下生活中關於這方面的憂慮的時候了。你並不是孤軍奮戰，即使有時候你可能感覺如此。現在是清點你所有的祝福的理想時刻，並且了解到，有多少次你擔憂著可能出現的負面結果，但它們一次也沒發生。

今天創造一句個人的咒語，例如：「事物永遠爲我運行」或「沒什麼好怕的，永遠有人支持我」。這一整天都重複這個咒語。當你大聲說出你的咒語時，要感覺自己的脆弱感逐漸消失了。

你擁有一切必要的保護，不必憂慮自己的幸福安康。

停下來反思

- **你在什麼狀況下會感到危險、不安或憂慮？**
- **就這件事來說，你會憂慮到什麼程度？**
- **在極度憂慮的時候，生活中你可以找哪些人來支持你？**

總結

我們最擔心會發生的事，其實很多都不會發生。奧吉茲提醒我們，我們那未經鍛鍊的心靈製造了多少的恐懼。你是安全的；你是受保護的。要相信，事情的運作永遠都會爲你帶來好的結果。

24 英瓦茲（Ingwaz）

對應字母： NG
發音： ING-waz
代表意義： 生育
天體關聯： ♀ ♎ ♉

英瓦茲與金星有關。金星以其陰性能量、喚起浪漫、愛情和美麗而爲人所知。這個符文與最平衡的天秤座和最穩定的金牛座有所連結。

現代意義：發生令人意外又驚奇之事的時刻已經到來。你人生新的篇章即將展開。一個偶遇或簡單的對話，就足以引發你人生的重大事件。在工作方面，它可能顯化爲新的職業選擇或事業合作的機會；在個人方面，它可能燃起一段新的戀情或特別有意義的友誼。此外，它也可能代表想出新的創意，或眞的懷孕生子。

把所有未解決的事或尙無結論的計畫做一個決定，好讓你在新的機會出現時，能迅速又決斷地採取行動。你踏出的每一步都是肥沃的土地。今天讓自己處於準備就緒的狀態，以接收和回應那些即將到來的好消息。

停下來反思

- **想到「肥沃的土地」這個詞時，你心中浮現的第一個東西是什麼？**
- **你想建構什麼樣的新計畫、心態或經驗？**
- **當你展開這個新嘗試，你的人生將如何變得更美好？**

總結

英瓦茲的出現是在提醒我們，幾天或幾小時內就會有新的事物出現。我們已經完成所有必要的工作，現在是回報來臨的時候了。對即將到來的事物保持開放，並做好全然的準備。

25

未知（空白）

空白的符文代表未知，意指結果尚未明朗化，所以無法告訴你未來的狀況；或者是，此時你不知道未來的狀況才是對你最好的。要有耐心。當時機成熟時，你就會知道更多。

如果在做每日的符文指引時抽到未知，那就再抽一次。

第四部

向前邁進

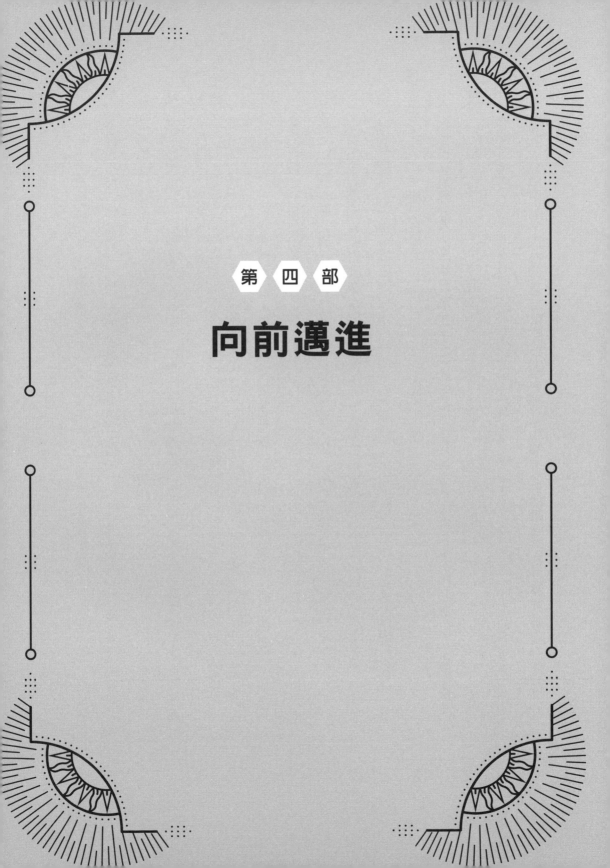

現在，你已經每天都在使用盧恩符文。當你毫不費力地使用你那創造的、直覺的一面，以及你那以事實爲根據、理性的一面時，你就會知道自己的左腦和右腦有多麼強大的力量。透過檢視你人生的重要時刻、困難的處境和重要的人際關係，你已得到極有用處的洞見。現在，你已經養成每天練習的明確習慣，並且學會從任何狀況中抽離、暫停和評估，你再也不會認爲事情都是針對你而來，或視自己爲環境下的受害者。

此外，你也有了讓自己安定下來的新方法。你對生命有更多的了解，更重要的是，你更了解自己了。當我們是出自於對自己的了解，那麼在表達眞實的自己時，我們會最有自信和把握。當我們知道我們已經拿回自己的東西時，我們就會明白，我們能克服道路上的任何阻礙。我們會毫無畏懼地承認自己的感受和渴望，並且有勇氣將它們大聲說出來，而不害怕被拒絕或有所損失。

生活中，我們都喜歡得到他人的愛和支持，但我們能給自己最有力量的禮物是，無條件的愛自己和自我價值感。別人可能不斷地告訴我們，我們又棒又討人喜歡，但我們必須自己親自看見、感受和了解，它才能成爲事實。

盧恩符文能建立我們的凡我與高我之間的連結。每天利用盧恩符文來與自己對話，迷霧就會逐漸退去，然後我們走進覺知，走進清明，走進自己。

過去這幾週，你很可能聚焦在人生的某個特定領域，譬如感情或事業。你現在完全看得一清二楚了嗎？如果還沒有，你可能會希望每天繼續練習，或全天候使用盧恩符文來即時獲得問題的答案。倘若你覺得關於那個領域，你應該知道的都已經知道了，那麼你可以考慮把焦點轉移到另一個領域。透過書寫簡單的日誌，你可以開始「下一個三十天」來繼續追蹤盧恩符文的指引。

你也可以召喚芙蕾雅的能量來處理你的心事和感情；召喚海姆達爾的能量來獲得清明和考慮周全的洞見；召喚提爾的能量來獲得勇氣和自信。別忘了，他們的故事之所以流傳數百年就是要提醒我們，我們的內在都具備芙蕾雅、海姆達爾和提爾的力量。既然我們的英雄和女英雄都必須面對及克服逆境才能達成他們的願望，我們自然也不例外。

另一種讓盧恩符文進一步融入你的生活的方法，是教導朋友如何使用它們。或者有人徵詢你的意見時，你可以透過符文籤的啓發，提供朋友高層次的建議。如同我先前提到的，你可能閉上眼睛就能在心中看見符文，而不必用到實體的符文。每個人的過程都不一樣。

和盧恩符文愛好者一起探索

如果你渴望知道更多關於盧恩符文的資料，並想與其他愛好者一起探索盧恩符文，我建議你使用社群媒體，因爲盧恩符文在網路上已有一批忠實的追隨者。

先從臉書開始。以下三個私密社團使我獲得啓發和學習：

- 版主懷爾德．杭特（Wylde Hunter）的**Runes for Runesters**。如果你想知道更多關於古斯堪地那維亞人的歷史和傳統，這個社團是很棒的選擇。大約有七千位社團成員共同分享他們關於盧恩符文的知識和熱情。在此社團中，你可能會遇到我所謂的正統派，他們並不認爲盧恩符文與創新可以同時並行。不過，人各有所好。大家都是在這個社團學習並自得其樂，但裡頭可是臥虎藏龍呢！

- 我也很喜歡**All Pagan, Norse & Heathens**。雖然這個大約有兩千位成員的社團比較小一點，但很有親切感和一家人的感覺。他們會貼上他們剛出生的「小維京人」照片，或請大家爲受傷或生病的人祈禱。版主李・梅林斯（Lee Mellings）把社團經營得有聲有色。
- 另一個很酷的社團是**Norse Rune Writing/Translating**，大約有一萬五千名成員。版主奎恩・福爾曼（Quinn Forman）非常用心地管理這個社團，以確保大家都能尊重彼此的態度和文化差異，因爲私密社團往往會有不當的言論出現。當成員有東西需要翻譯時，他們也經常在此發出貼文。

在YouTube上，你可以觀看學者傑克森・克勞弗德（Dr. Jackson Crawford）的影片，他是科羅拉多大學的教授和古斯堪地那維亞的專家。克勞弗德的頻道開播兩年以來，已累積超過八萬五千名忠實的追隨者。他同時也是很棒的節目主持人和作家。如果你喜歡學術方面的事物，找傑克森就對了。

此外，馬克・金德斯（Mark Kinders）在TEDx一場關於盧恩符文的演講也很精采。金德斯是奧克拉荷馬大學公共事務部門的副主任，他在演講中探討了在北美洲發現的盧恩符文雕刻圖案。他同時也是美國盧恩符文研究協會的副會長，該協會是致力於在歐洲和北美推廣盧恩符文學術研究的非營利組織。

建立你自己的盧恩符文圈

或者，爲了持續你正面的動力，你可以考慮跟一群和你一樣想活出眞正的生命的積極又有助力的朋友，共同組成一個盧恩符文圈。與轉向內在尋求神聖的指引同樣重要的是，我們必須藉由互相加油打氣，鼓勵彼此堅定地走在自我實現和幸福的道路上，來爲我們這些志同道合的人建立一個典範。因爲我發現我認識的那些最幸福的人，最後都是被嫉妒他們的自由和光芒的人擊垮的。不過，芙蕾雅可以解決這方面的問題。

組織每個月聚會一、兩次的盧恩符文圈，你就創造了一個誠實又開放的安全空間，而不必擔心他人的評斷。爲了測試本書，我與六位傑出人士組成我自己的盧恩符文圈，他們都是我的知心好友和靈魂的姊妹。這些令人讚歎的人都是企業家。儘管周遭有許多墨守成規、愛唱反調的人，但他們還是在商業界毫無畏懼地追求自己想要的人生。

我的盧恩符文圈的部落成員如下：全人的企業教練、女性力量和衝突解決教練、直覺作家兼畫家、溝通諮商師、夫妻共同經營一家擁有六百名員工的公共事業公司的女老闆、我稱之爲「最後一年當別人員工」的剛嶄露頭角的企業家、洗車公司的老闆。我們會在隔週的星期五，透過視訊分享關於我們抽的符文籤出現的模式，以及我們正在顯化哪些驚人的結果之類的事情。我們樂於彼此互相支持，好讓我們能從舊有的創傷中得到療癒，並成長爲神聖的存在。

另一種持續動力的方法是下載盧恩符文解讀應用程式，它提供你簡單的方法來抽每一天的符文；你可以透過簡便的數位抽籤，尋求盧恩符文的指引。此外，你還可以直接在應用程式上寫日誌來追蹤你的旅程。如果你想要爲自己的盧恩符文圈擴展人氣和結交新朋友，你也可以與那些志同道合的女神們見面。

不管你做什麼，我都鼓勵你繼續學習、成長、指導和分享。我希望這三十天的旅程能爲你帶來清明、自信和幸福。願你的下一個三十天會更好！

圖：George Peters Designs

後記

我剛開始撰寫《盧恩符文占卜自學手冊》時，我那隻十歲大的薩摩耶犬柯迪（我親暱地稱牠為「我的第一個孩子」），每天都會陪著我寫作。清晨四點，柯迪會跟著我起床，在廚房陪我煮一壺咖啡，然後跟著我進到家裡的辦公室，挨在我腳邊陪我打字到天亮。薩摩耶犬是源自於白狼的最古老的知名犬種之一，牠們非常聰明、淘氣又愛叫。柯迪就是這樣子，而這讓我更喜歡牠。我會告訴人家，柯迪的標語是「我喜歡幹麼就幹麼」。我老爸則會說：「柯迪就跟她媽一樣。」哈哈，或許吧！

柯迪在二〇一九年生病時，牠的檢驗報告尚無定論，但獸醫認為牠可能是胃癌或腸癌，或者兩者都有。我簡直不敢相信。在每天的祈禱和靜心中，我都很放心牠不會有事的。儘管如此，我們還是開始讓牠接受積極性的化學治療。前四個月左右，牠的反應還不錯。接著，不到三天的時間，牠的病情就急轉直下。

「不可能。」我心想：「我靜心時一直都與柯迪的靈魂連結，牠告訴我牠沒事的。」

在牠生命的最後一個早晨，我們在壁爐旁的沙發上坐著，柯迪的頭靠在我的大腿上。我深深地感受到牠對我的愛。時間彷彿靜止了。我進入靜心的狀態，並請求再次連結柯迪的靈魂。牠充滿愛

意地告訴我，牠是我的靈魂伴侶，牠會以我想要的任何形式回到我身邊。我告訴牠，我多麼珍惜我們十一年來在一起的日子——我們的遠足、駕車旅行和一大早的時光。我想要牠成爲另一隻薩摩耶犬再回來。牠毫不猶豫地告訴我，牠會「馬上回來」。牠繼續告訴我，牠不害怕，在我身邊牠覺得很幸福。我抱著牠，感謝牠爲我的生活帶來喜悅。

在柯迪離開的同一個星期，小科諾在一百二十公里外的城鎮成爲受孕的胚胎。如你所知，「科諾」這個符文代表對新的可能性開放，它鼓勵我們讓生命自然呈現。科諾現在已經四個月大了。在我打這些字的同時，牠就在我的書桌旁邊睡覺。科諾是以年輕強壯的新身體回來的柯迪。靈魂是全知又無限的。看著科諾的眼睛，我知道牠就是柯迪。

我比以前更相信，當你心中有愛，並且相信你的願望都可以成眞，那麼任何事情都絕對是可能的，只要你有信心的話。

要敞開，信任，相信。

懷著愛與感恩的

迪蕾妮雅

致謝

謹以此書獻給生命曾遭受精神疾病影響的人們。我的人生受到梅莉莎（Melissa）和戴安妮（Dianne）這兩位母親極深的影響，而她們被上癮症打敗了。然而每一次的失落，都爲我帶來深刻的個人成長和靈性成長，從而使我想要幫助別人解決他們的痛苦，並發現我們每個人都擁有的天賦和祝福。每個人來到這世上都是有目的的。願本書能啓發你去發現自己的目標，並將你無盡的愛分享給世人。

本書十分之一的版稅將捐給美國安全基金會（Safe America Foundation）。該機構爲非營利組織，其宗旨在於提升意識及減少諸如毒品、人口販賣、自殺等社會問題的威脅。

建議閱讀書目

Blum, Ralph. *The Book of Runes: A Handbook for the Use of an Ancient Oracle.* New York: St. Martin's Press, 1983.

Davidson, H. R. Ellis. *Pagan Scandinavia.* New York: Thames and Hudson, 1967.

DuBois, Thomas. *Nordic Religions in the Viking Age.* Philadelphia: University of Pennsylvania, 1960.

Dumèzil, Georges. *Gods of the Ancient Northmen.* Berkeley: University of California, 1973.

Farnell, Kim. *Runes: Plain and Simple.* Charlottesville, VA: Hampton Roads Publishing, 2006.

Findell, Martin. *Runes: Ancient Scripts.* Los Angeles: Getty Publications, 2015.

Flowers, Stephen. *Runes and Magic: Magical Formulaic Elements in the Older Runic Tradition.* New York: Peter Lang, 1986.

Fries-Mandrake, Jan. *Helrunar: A Manual of the Runic Magick.* Newburyport, MA: Red Wheel/Weiser, 1997.

Lindow, John. *Norse Mythology: A Guide to the Gods, Heroes, Rituals, and Beliefs.* Oxford, UK: Oxford University Press, 2001.

McKinnell, John. *Meeting the Other in Norse Myth and Legend.* Suffolk, UK: Boydell and Brewer, 2005.

Melville, Francis. *The Book of Runes: Interpreting the Ancient Stones.* New York: Wellfleet Press, 2016.

Mountfort, Paul Rhys. *Nordic Runes: Understanding, Casting, and Interpreting the Ancient Viking Oracle.* Rochester, NY: Destiny Books, 2003.

Page, R. I. *Runes: Reading the Past.* Berkeley: University of California Press, 1987.

Pollington, Stephen. *Rudiments of Runelore.* Little Downham, UK: Anglo Saxon Books, 2008.

Rydberg, Viktor. *Teutonic Mythology: Gods and Goddesses of the Northland.* Urbana-Champaign: University of Chicago Press, 1906.

Thorsson, Edred. *Futhark: A Handbook of Rune Magic.* San Francisco: Red Wheel/Weiser, 1984.

———. *Runecaster's Handbook: The Well of Wyrd.* San Francisco: Red Wheel/Weiser, 1999.

———. *Runelore: The Magic, History, and Hidden Codes of the Runes.* San Francisco: Red Wheel/Weiser, 1987.

盧恩符文占卜自學手冊：釐清煩惱、了解他人、尋求指引，30天連結高我／迪蕾妮雅·黛薇絲（Delanea Davis）著；謝明憲譯. -- 初版. -- 臺北市：橡實文化出版：大雁出版基地發行，2021.06
面：　公分
譯自：Rune reading your life : a toolkit for insight, intuition, and clarity
ISBN 978-986-5401-65-8（平裝）

1.符咒　2.占卜

295.5　　110006085

BC1094

盧恩符文占卜自學手冊：
釐清煩惱、了解他人、尋求指引，30天連結高我

Rune Reading Your Life: A Toolkit for Insight, Intuition, and Clarity

---

作　　者　迪蕾妮雅·黛薇絲（Delanea Davis）
譯　　者　謝明憲
責任編輯　田哲榮
協力編輯　劉芸蓁
封面設計　斐類設計
內頁構成　歐陽碧智
校　　對　蔡昊恩

發 行 人　蘇拾平
總 編 輯　于芝峰
副總編輯　田哲榮
業務發行　王綬晨、邱紹溢、劉文雅
行銷企劃　陳詩婷
出　　版　橡實文化 ACORN Publishing
231030新北市新店區北新路三段207-3號5樓
電話：（02）8913-1005　傳真：（02）8913-1056
網址：www.acornbooks.com.tw
E-mail信箱：acorn@andbooks.com.tw
發　　行　大雁出版基地
231030新北市新店區北新路三段207-3號5樓
電話：（02）8913-1005　傳真：（02）8913-1056
讀者服務信箱：andbooks@andbooks.com.tw
劃撥帳號：19983379　戶名：大雁文化事業股份有限公司

印　　刷　中原造像股份有限公司
初版一刷　2021年6月
初版七刷　2023年12月
定　　價　420元
I S B N　978-986-5401-65-8

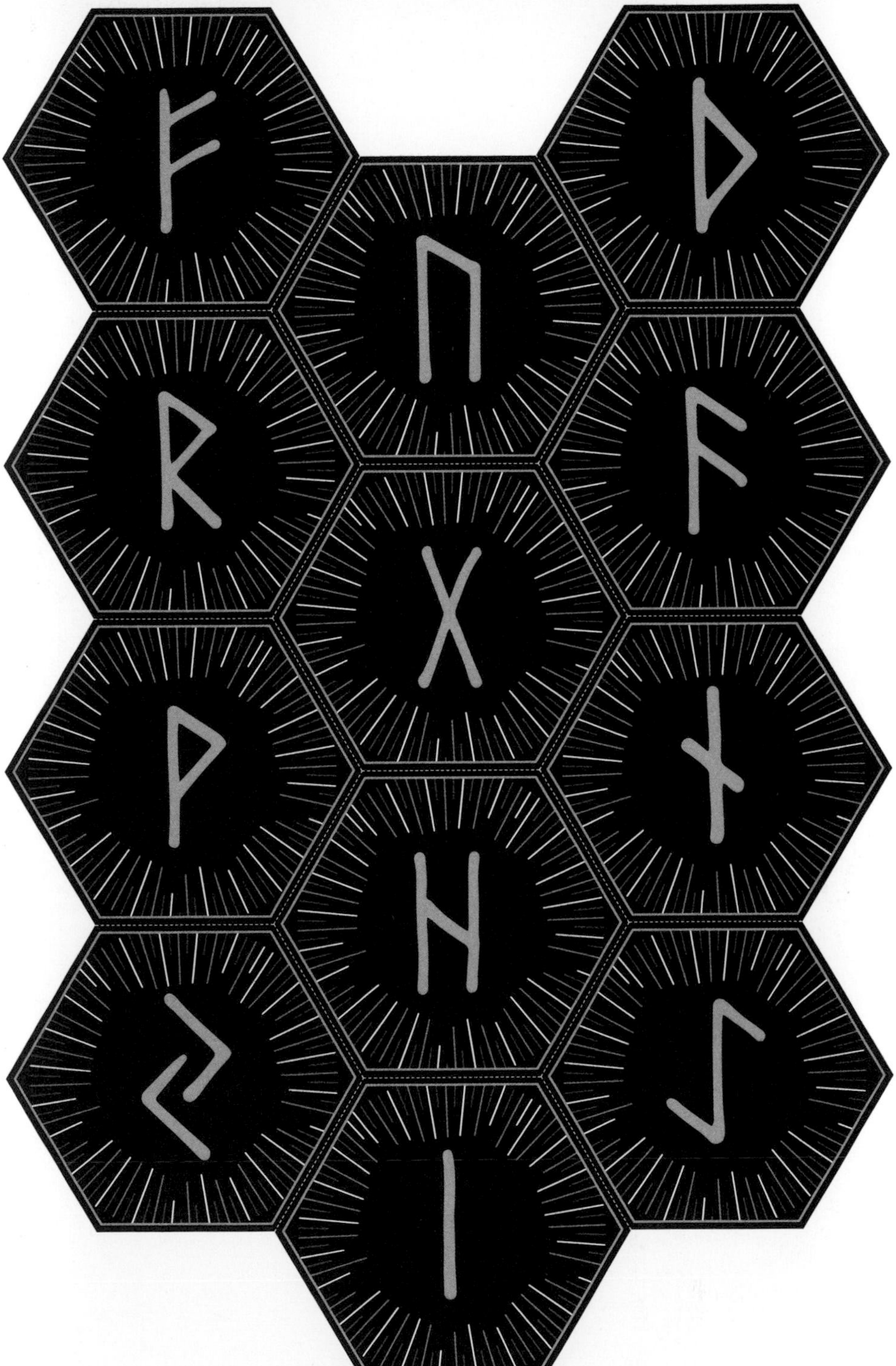